ΠΑΣΙΝ

Für
Isi, Anni und Karlchen

Katja Kersten-Babeck

ΠΑΣΙΝ

Lehrbuch für neutestamentliches Griechisch

2. Auflage

Kartoffeldruck-Verlag Kai Brodersen

Speyer 2013

Katja Kersten-Babeck
PASIN: Lehrbuch für neutestamentliches Griechisch
2. verbesserte Auflage

Die Deutsche Bibliothek verzeichnet diese Publikation in der Deutschen Nationalbibliografie; detaillierte bibliografische Daten sind im Internet über http://dnb.ddb.de abrufbar

Der Kartoffeldruck-Verlag publiziert zum reinen Selbstkostenpreis Bücher, die in jeder Buchhandlung bestellt werden können – insbesondere für Expertinnen und Experten in Altertumswissenschaft und Schule.

2013
Kartoffeldruck-Verlag Kai Brodersen, Speyer
www.kartoffeldruck-verlag.de
ISBN 978-3-939526-17-9

Inhaltsverzeichnis

Abkürzungsverzeichnis

Adv.	Adverb	**Num.**	Numerus
Akt.	Aktiv	**Opt.**	Optativ
Akk.	Akkusativ	**P.**	Person
Aor.	Aorist	**Part.**	Partizip
BV	Bildevorschrift	**Pass.**	Passiv
Dat.	Dativ	**PE**	Personalendung
Dekl.	Deklination	**Perf.**	Perfekt
Dep.	Deponens	**Pl.**	Plural
enkl.	enklitisch	**Plus.**	Plusquamperfekt
fem.	feminin	**poss.**	possessiv
Fut.	Futur	**Präp.**	Präposition
Gen.	Genitiv	**Präs.**	Präsens
Imperat.	Imperativ	**schw.Aor.**	schwacher Aorist
Imperf.	Imperfekt	**Sgl.**	Singular
Ind.	Indikativ	**st. Aor.**	starker Aorist
indekl.	indeklinabel	**Subj.**	Subjekt
Inf.	Infinitiv	**Subst.**	Substantiv
jmd.	jemand	**Vok.**	Vokativ
KNG	Kasus, Numerus, Genus	**W**	Wiederholungsübung
Konj.	Konjunktiv	**W-Aor.**	Wurzelaorist
mask.	maskulin		
Med.	Medium		
neutr.	neutrum		
Nom.	Nominativ		

Vorwort

„Welche Freude bringt es deshalb, ja welches Glück, mit dem Sohn Gottes, mit den Evangelisten und Aposteln, mit dem hl. Paulus ohne Dolmetscher sprechen und ihre wahren und lebendigen Worte hören und wiedergeben zu können.“[1]

Philipp Melanchthons Aussage dürfte jeder Theologin und jedem Theologen aus dem Herzen sprechen, denn die Lektüre des Neuen Testaments im griechischen Original führt den Leser mehr als jede Übersetzung zu den Ursprüngen des Christentums.

Das Lehrbuch ΠΑΣΙΝ ist aus der Praxis heraus entstanden, dass Studierende der Theologie in kurzer Zeit die griechische Sprache erlernen und schnell zur Lektürefähigkeit gelangen sollen. Ziel des vorliegenden Lehrwerkes ist es deshalb, grammatikalisches Basiswissen und einen Grundwortschatz zu erwerben sowie Fähigkeiten in der Texterschließung zu entwickeln. Diese Bereiche sollten in der sich anschließenden Lektürephase weiter ausgebaut werden.

ΠΑΣΙΝ führt in nur 27 Lektionen in die Sprache des neutestamentlichen Griechisch, die Koine, ein. Das Lehrwerk verfügt ausschließlich über Originalpassagen. In den Anfangslektionen sind die Texte stark gekürzt, werden jedoch im weiteren Verlauf des Lehrbuches zunehmend komplexer. Ab Lektion 20 gibt es pro Lektion nur noch einen Text, der mit Hilfe des angegebenen Lernvokabulars und des Wörterbuches zu übersetzen ist.

Die Lektionen bestehen aus einem Text- und einem Übungsteil. Der Großteil der Vokabeln wird über die Texte eingeführt. Die zu lernenden Wörter stehen jeweils in den grauen Kästen neben den Textpassagen. Eingerückte Wörter kommen im Text nicht vor, lassen sich aber auf Grund ihrer Stammverwandtschaft leichter einprägen. In manchen Lektionen werden einige Lernvokabeln über eine Fremdwortbestimmug eingeführt. Am Ende des Lehrbuches befindet sich das Lernvokabelverzeichnis, in dem lektionsweise alle Vokabeln zum Lernen oder systematischen Wiederholen aufgelistet sind.

Fast jede Lektion verfügt über W-Übungen, die der Wiederholung des bereits erlernten Stoffes dienen. Für diese W-Übungen gibt es im hinteren Buchteil einen Lösungsschlüssel.

Danken möchte ich allen Studierenden, die mich bei der Entstehung des Lehrwerkes unterstützt und ermutigt haben sowie mit ihrer konstruktiven Kritik zur Verbesserung von ΠΑΣΙΝ beigetragen haben.
All diejenigen, die erfolgreich die 27 Lektionen absolviert haben, werden sicher Philipp Melanchthon beipflichten:

„Unter allen Sprachen erlangt die griechische, ob man nun die vielfältigen Lehrinhalte betrachtet ... oder ihre wohlklingende Schönheit, leicht den ersten Rang. ... Denn wie sie mit ihrer Genauigkeit, Anmut, Schönheit und ihrem Wohlklang leicht alle übrigen hinter sich lässt, so ist sie der Wissenschaft, der menschlichen Bildung und aller freien Künste Quelle und Lehrerin."[1]

Erfurt, im Mai 2012 Katja Kersten-Babeck

Vorwort zur 2. Auflage

Nachdem das Lehrbuch ΠΑΣΙΝ meinen Studenten die von Melanchthon beschriebene Schönheit der griechischen Sprache näher gebracht hatte, erfolgte eine kritische Überarbeitung der 1. Auflage.
Möge ΠΑΣΙΝ allen, die zu diesem Lehrwerk greifen, Freude und Erfolg beim Erlernen des Griechischen bringen.

Erfurt, im Juli 2013 Katja Kersten-Babeck

1: Schmidt, Günther R.: Philipp Melanchthon. Glaube und Bildung. Texte zum christlichen Humanismus, Stuttgart, 2004, S. 183-203.

Lektion 1

Texte

Seligpreisungen (Mt 5,3-10)

Μακάριοι οἱ πτωχοὶ τῷ πνεύματι, ὅτι αὐτῶν[1] ἐστιν ἡ βασιλεία τῶν οὐρανῶν.

μακάριοι οἱ πενθοῦντες, ὅτι αὐτοὶ παρακληθήσονται.

μακάριοι οἱ πραεῖς[2], ὅτι αὐτοὶ κληρονομήσουσιν τὴν γῆν.

μακάριοι οἱ πεινῶντες καὶ διψῶντες τὴν δικαιοσύνην, ὅτι αὐτοὶ χορτασθήσονται.

μακάριοι οἱ ἐλεήμονες, ὅτι αὐτοὶ ἐλεηθήσονται.

μακάριοι οἱ καθαροὶ τῇ καρδίᾳ, ὅτι αὐτοὶ τὸν θεὸν ὄψονται.

μακάριοι οἱ εἰρηνοποιοί, ὅτι αὐτοὶ υἱοὶ θεοῦ κληθήσονται.

μακάριοι οἱ δεδιωγμένοι[3] ἕνεκεν δικαιοσύνης, ὅτι αὐτῶν[1] ἐστιν ἡ βασιλεία τῶν οὐρανῶν.

1: *poss. Gebrauch* * 2: πραΰς, εῖα, ύ = sanftmütig * 3: *von* διώκω

Ehre sei Gott in der Höhe (Lk 2,14)

δόξα ἐν ὑψίστοις θεῷ καὶ ἐπὶ γῆς εἰρήνη ἐν ἀνθρώποις εὐδοκίας.

Vaterunser (Mt 6,9-13)

Πάτερ ἡμῶν ὁ ἐν τοῖς οὐρανοῖς· ἁγιασθήτω τὸ ὄνομά σου· ἐλθέτω ἡ βασιλεία σου· γενηθήτω τὸ θέλημά σου, ὡς ἐν οὐρανῷ καὶ ἐπὶ γῆς· τὸν ἄρτον ἡμῶν τὸν ἐπιούσιον δὸς ἡμῖν σήμερον· καὶ ἄφες[1] ἡμῖν τὰ ὀφειλήματα ἡμῶν, ὡς καὶ ἡμεῖς ἀφήκαμεν τοῖς ὀφειλέταις ἡμῶν· καὶ μὴ εἰσενέγκῃς ἡμᾶς εἰς πειρασμόν, ἀλλὰ ῥῦσαι ἡμᾶς ἀπὸ τοῦ πονηροῦ.

1: *Imperat. Aor. zu* ἀφίημι

Übungen

1. Lesen Sie die griechischen Wörter.

ΑΝΘΡΩΠΟΣ - ΚΑΡΔΙΑ - ΚΟΣΜΟΣ - ΘΕΟΣ - ΔΙΑΒΟΛΟΣ - ΟΥΡΑΝΟΣ - ΗΛΙΟΣ - ΑΓΑΘΟΣ - ΚΑΙ - ΛΟΓΟΣ - ΝΥΝ - ΑΛΛΑ - ΑΓΓΕΛΟΣ - ΕΙΜΙ - ΧΡΟΝΟΣ - ΞΥΛΟΝ - ΙΗΣΟΥΣ - ΚΥΡΙΟΣ

2. Schreiben Sie die Wörter aus Übung 1 mit Minuskeln (kleinen Buchstaben).

3. Ordnen Sie die Substantive in die Tabelle ein.

ἐκκλησία - θάνατος - μυστήριον - κοινωνός - οἰκία - οἶκος - εὐαγγέλιον - Χριστός - συναγωγή - κοινωνία - ἀπόστολος

maskulin	feminin	neutrum

4. Setzen Sie die jeweils passende Form des Adjektivs ἀγαθός zu den Substantiven. Übersetzen Sie die entstandenen Verbindungen ins Deutsche.

ὁ θεός - ἡ ψυχή - τὸ ξύλον - ἡ ἀδελφή - ὁ ἀδελφός - τὸ ἔργον - ὁ λόγος

5. Übersetzen Sie die Sätze ins Deutsche.

Ἀγαθὸς ἄνθρωπος ἐστίν. - Νῦν εἰσίν; - Ἡ ἀδελφή εἰμι. - Οὐχ ὁ κύριος, ἀλλὰ ὁ ἀδελφός εἰμι. - Τὸ ἔργον τὸ κοινόν ἐστιν. - Εἶ ὁ ἀγαθὸς ὁ ἄγγελος; - Ξύλον καὶ χρυσίον οὐκ εἰσίν.

6. Leiten Sie die Wörter aus dem Griechischen her.

Agathe - Kosmetik - Chrysantheme - Ökologie - Psyche - Theologie - Thron - Anthropologie - Kardiologie - Doxologie - chronologisch

Vokabeln

ὁ κόσμος	Schmuck, Welt(all)
ὁ λόγος	Wort, Rede, Gespräch, Erzählung, Lehre, Ausspruch, Rechenschaft
ὁ κύριος	Herr
ὁ θεός	Gott
ὁ ἄγγελος	Bote, Engel
ὁ θάνατος	Tod
ὁ διάβολος	Teufel
ὁ ἄνθρωπος	Mensch
ὁ οὐρανός	Himmel
ὁ θρόνος	Thron
ὁ ἥλιος	Sonne
ὁ ἀδελφός	Bruder
ὁ χρόνος	Zeit
ὁ ἀπόστολος	Abgesandter, Bote, Apostel
ὁ κοινωνός	Kamerad
ὁ οἶκος *und* ἡ οἰκία	Haus

ἡ καρδία	Herz
ἡ ψυχή	Seele, Leben
ἡ δόξα	Ehre, Ruhm, Herrlichkeit, Glanz
ἡ ἀδελφή	Schwester
ἡ ἐκκλησία	Gemeinde, Kirche
ἡ συναγωγή	Synagoge
ἡ κοινωνία	Gemeinschaft
τὸ μυστήριον	Geheimnis
τὸ ξύλον	Holz
τὸ χρυσίον	Gold
τὸ ἔργον	Tat, Arbeit, Aufgabe, Werk
τὸ εὐαγγέλιον	Freudenbotschaft, Evangelium
κοινός, κοινή, κοινόν	gemeinschaftlich, gemein(sam)
ἀγαθός, ή, όν	gut
νῦν *und* νυνί	nun, jetzt
καί	und, auch
ἀλλά	aber, sondern

οὐ / οὐκ / οὐχ / οὐχί *und* μή	nicht
ὁ Ἰησοῦς	Jesus
ὁ Χριστός	Gesalbter
εἰμί	sein, leben, da sein

Lektion 2

Texte

Phil 4,4

Χαίρετε ἐν κυρίῳ πάντοτε·

Mk 1,37

καὶ εὗρον[1] αὐτὸν καὶ λέγουσιν
αὐτῷ·

1: sie fanden

Mk 1,38

καὶ λέγει αὐτοῖς·

Vokabeln

χαίρω	sich freuen
χαῖρε / χαίρετε	sei / seid gegrüßt
ἡ χαρά	Freude
ἐν + *Dat.*	an, in, bei, auf *(wo?);* mit, durch
πάντοτε	immer
αὐτός, ή, ό (!)	er; selbst; derselbe
λέγω	sagen, reden

Joh 2,5a

λέγει ἡ μήτηρ[1] αὐτοῦ τοῖς διακόνοις…

ὁ διάκονος	Diener, Helfer
ἡ διακονία	Dienst, Amt
διακονέω	(be)dienen

1: Mutter

Joh 4,18

φόβος οὐκ ἔστιν ἐν τῇ ἀγάπῃ ἀλλ' ἡ τελεία ἀγάπη ἔξω βάλλει τὸν φόβον …

ὁ φόβος	Furcht
ἡ ἀγάπη	Liebe
ἀγαπάω	lieben
ἀγαπητός,ή,όν	geliebt
τέλειος, α, ον	vollendet, vollkommen
τελειόω	vollenden
ἔξω	außen, draußen, heraus
ἔξωθεν	von außerhalb
βάλλω	werfen

2 Thess 3,16

Αὐτὸς δὲ ὁ κύριος τῆς εἰρήνης[1]

δῴη[2] ὑμῖν[3] τὴν εἰρήνην[4] …

δέ	aber
ἡ εἰρήνη	Frieden

1: *Gen. Sgl.* * 2: er möge geben * 3: euch * 4: *Akk. Sgl.*

Offb 2,8b

Τάδε[1] λέγει ὁ πρῶτος καὶ ὁ

ἔσχατος, ὃς ἐγένετο[2] νεκρὸς καὶ

ἔζησεν[3] …

πρῶτος, η, ον	erster
πρωί	frühmorgens
πρότερος, α, ον	früher
ἔσχατος, η, ον	äußerster, letzter
νεκρός, ά, όν	tot

1: dieses * 2: ὃς ἐγένετο = der / welcher war * 3: er wurde lebendig

Joh 17,16

ἐκ τοῦ κόσμου οὐκ εἰσὶν καθὼς ἐγὼ

οὐκ εἰμὶ ἐκ τοῦ κόσμου.

ἐκ / ἐξ + *Gen.*	aus … heraus, von … her
καθώς	wie
ἐγώ	ich

2 ΠΑΣΙΝ

Röm 10,12

... ὁ γὰρ αὐτὸς κύριος [ἐστίν]

πάντων[1] ...

γάρ	denn, nämlich

1: allen

Offb 1,8

Ἐγώ εἰμι τὸ ἄλφα καὶ τὸ ὦ, λέγει

κύριος ὁ θεός ...

Fremdwortbestimmung

Deuten Sie die Namen mit Hilfe der Vokabelliste. Finden Sie dazu die jeweilige griechische Vokabel.

Angela - Petra - Katharina - Stefan

Vokabeln

ἡ πέτρα	Fels, Stein
ὁ στέφανος	Kranz
καθαρός, ά, όν	rein
καθαρίζω	reinigen

(ἀν)ἀγγέλλω	melden, berichten, verkünden
εὐαγγελίζω	eine freudige Nachricht bringen

Übungen

1. Bestimmen Sie die Formen (Kasus, Numerus, Genus). Geben Sie jeweils die Ausgangsvokabel an.

θρόνῳ - μυστήρια - χρόνου - ἄγγελοι - ξύλων - ἀδελφοῖς - διάβολον - οὐρανούς - χρυσίου - στέφανον - διακόνους - φόβῳ

2. Wandeln Sie die Formen aus Übung 1 in den jeweils anderen Numerus.

3. Setzen Sie zu jedem Substantiv den passenden Artikel.

θεοί - ξύλα - οὐρανοῖς - χρυσίον - ἀποστόλων - λόγου - διακόνῳ

4. Bestimmen Sie die Verbformen. Übersetzen Sie diese anschließend ins Deutsche.

λέγεις - βάλλουσιν - εὐαγγελίζειν - ἀγγέλλετε (2) - λέγω - βάλλει - χαίρομεν - ἀγγελλέτω - βάλλετε (2) - λεγέτωσαν - εὐαγγελίζουσι

5. Übersetzen Sie ins Griechische.

Der Herr wirft den Kranz. Bringst du dem Herrn eine freudige Nachricht? Wir erzählen eine Erzählung. Der Bruder und die Schwester verkünden die Freudenbotschaft.

6. Prägen Sie sich die folgenden Verbindungen ein.

Gebrauch von αὐτός	Beispiele	
er, sie, es (Personalpronomen)	αὐτὸς λέγει αὐτῷ λέγω	er sagt ich sage ihm
sein, ihr (Possessivpronomen)	ἡ ἀδελφὴ αὐτοῦ λέγει ὁ ἀδελφὸς αὐτῆς λέγει	seine Schwester sagt ihr Bruder sagt
selbst	ὁ ἀδελφὸς αὐτὸς / αὐτὸς ὁ ἀδελφὸς λέγει	der Bruder selbst sagt
derselbe	ὁ αὐτὸς ἀδελφὸς λέγει	derselbe Bruder sagt

Lektion 3

Texte / Vokabeln

Joh 18,28

῎Αγουσιν οὖν τὸν Ἰησοῦν ἀπὸ τοῦ Καϊάφα[1] εἰς τὸ πραιτώριον[2]·

1: ὁ Καιάφας, α = Kajaphas *(Hohepriester)* *
2: τὸ πραιτώριον = Prätorium *(Sitz des Statthalters)*

ἄγω	führen, treiben, bringen
ἀπάγω	……………………
εἰσάγω	……………………
ἐξάγω	……………………
προάγω	……………………
οὖν	also, folglich
ἀπό + *Gen.*	von … weg
εἰς + *Akk.*	in, an, bei, zu, nach *(wohin?)*, für

Joh 13,36a

Λέγει αὐτῷ Σίμων Πέτρος[1]· κύριε, ποῦ[2] ὑπάγεις;

1: ὁ Σίμων Πέτρος = Simon Petrus * 2: wohin

ὑπάγω	fortgehen, zurückkehren

Mk 1,1-2

᾿Αρχὴ τοῦ εὐαγγελίου Ἰησοῦ Χριστοῦ [υἱοῦ θεοῦ]. Καθὼς γέγραπται[1] ..., ἰδοὺ ἀποστέλλω τὸν ἄγγελόν μου[2] πρὸ προσώπου σου[3] ...

1: es ist geschrieben * 2: mein (*bezogen auf* ἄγγελόν) * 3: dein (*bezogen auf* προσώπου)

ἡ ἀρχή	Anfang
ἀρχαῖος 3	alt
ὁ υἱός	Sohn
ἰδού *und* ἴδε	*beide:* siehe!, seht!
ἀποστέλλω	absenden, abschicken
πρό + *Gen.*	vor
τὸ πρόσωπον	Gesicht, Anblick, Aussehen

Joh 1,1-5

Ἐν ἀρχῇ ἦν[1] ὁ λόγος, καὶ ὁ λόγος ἦν[1] πρὸς τὸν θεόν, καὶ θεὸς ἦν[1] ὁ λόγος. οὗτος[2] ἦν[1] ἐν ἀρχῇ πρὸς τὸν θεόν. πάντα[3] δι᾿ αὐτοῦ ἐγένετο[4], καὶ χωρὶς αὐτοῦ ἐγένετο[4] οὐδὲ ἕν[5]. ὃ γέγονεν[6] ἐν αὐτῷ ζωὴ ἦν[1], καὶ ἡ ζωὴ ἦν[1] τὸ φῶς[7] τῶν ἀνθρώπων· καὶ τὸ φῶς[7] ἐν τῇ σκοτίᾳ φαίνει, καὶ ἡ

πρός + *Dat.*	bei, in der Nähe *(wo?)*
+ *Akk.*	nach, gegen *(wohin?)*; bei, in Hinsicht auf
δία + *Gen.*	durch
+ *Akk.*	wegen, um ... willen
χωρίς + *Gen.*	ohne

σκοτία αὐτὸ οὐ κατέλαβεν[8].

1: war * 2: dieser (*bezogen auf* ὁ λόγος) * 3: alles * 4: geschah / entstand * 5: οὐδὲ ἕν = nichts * 6: ὃ γέγονεν = was besteht * 7: Licht * 8: begriff / nahm an

ἡ ζωή	Leben
τὸ ζῷον	Lebewesen, Tier
ἡ σκοτία	Finsternis, Dunkelheit
φαίνω	scheinen, leuchten

Offb 13,10

Ὧδέ ἐστιν ἡ ὑπομονὴ καὶ ἡ πίστις[1]
τῶν ἁγίων.

1: Glaube, Treue

ὧδε	hier
ἡ ὑπομονή	Geduld
ὑπομένω	aus-, durchhalten
ἅγιος 3	heilig
ὁ ἁγιασμός	Heiligung
ἁγιάζω	Gott weihen, heilig machen

Übungen

1. Zu welcher Untergruppe der a-Deklination gehören die Substantive? Begründen Sie Ihre Entscheidung.

καρδία - γλῶσσα (Zunge, Sprache) - ψυχή - πέτρα - δόξα - ἀγάπη - θάλασσα (Meer) - σκοτία - ἀδελφή - ἐκκλησία - τράπεζα (Tisch) - οἰκία - χαρά

2. Bestimmen Sie die Substantive. Geben Sie den jeweils passenden Artikel an.

ὑπομονή - καρδίας (2) - σκοτίᾳ - δόξης - ἀρχαί - κοινωνίαις - εἰρήνην - ψυχαί

3. Verbinden Sie je ein Substantiv mit einem Adjektiv. Achten Sie auf grammatikalisch und inhaltlich sinnvolle Verbindungen.

κοινῇ	σκοτίαν
ἐσχάτην	ἀδελφῶν
πρώταις	ἐκκλησίας
ἀγαθῶν	ὑπομονῇ
ἀρχαίας	οἰκίαις

W 1. Übersetzen Sie ins Griechische.

dem Menschen - die Taten - des Kranzes - die Engel - das Holz - die Worte - die Götter - der Furcht - den Aposteln - den Himmel - der Geheimnisse - des Dieners - den Thron

W 2. Übersetzen Sie die Formen.

ἐστίν - βάλλουσιν - χαῖρε - ἀγγέλει - εἰμί - εὐαγγελίζετε - ἀγαπάω

W 3. Wandeln Sie die Verben aus W 2 in den jeweils anderen Numerus.

Lektion 4

Texte — Vokabeln

Joh 16,29a

Λέγουσιν οἱ μαθηταὶ αὐτοῦ[1]· Ἴδε νῦν ἐν παρρησίᾳ λαλεῖς[2] καὶ παροιμίαν οὐδεμίαν[3] λέγεις.

1: *gemeint ist Jesus* * 2: = λέγεις * 3: παροιμίαν οὐδεμίαν = keine Rätselrede

ὁ μαθητής	Schüler, Jünger
μανθάνω	lernen
ἡ παρρησία	Offenheit

Mt 23,34

... ἰδοὺ ἐγὼ ἀποστέλλω πρὸς ὑμᾶς[1] προφήτας καὶ σοφοὺς ...

1: *Akk. zu* ihr *(Personalpronomen, 2. Pl.)*

ὁ προφήτης	Prophet
ἡ προφητεία	Weissagung
προφητεύω	weissagen
σοφός 3	weise
ἡ σοφία	Weisheit

Mt 25,11

ὕστερον δὲ ἔρχονται[1] καὶ αἱ λοιπαὶ
παρθένοι λέγουσαι[2]· κύριε κύριε,
ἄνοιξον ἡμῖν[3].

ὕστερον	später
λοιπός 3	übrig
ἡ παρθένος	Jungfrau

1: sie kommen * 2: die / welche sagen *(bezogen auf* παρθένοι) * 3: ἄνοιξον ἡμῖν = öffne uns

Joh 14,6

λέγει αὐτῷ [ὁ] Ἰησοῦς· ἐγώ εἰμι ἡ
ὁδὸς καὶ ἡ ἀλήθεια καὶ ἡ ζωή·

ἡ ὁδός	Weg
ἡ ἀλήθεια	Wahrheit
ἀληθινός 3	wahr, wahrhaftig

Joh 6,48-49

Ἐγώ εἰμι ὁ ἄρτος τῆς ζωῆς. οἱ
πατέρες ὑμῶν[1] ἔφαγον[2] ἐν τῇ ἐρήμῳ
τὸ μάννα[3] καὶ ἀπέθανον[4]·

ὁ ἄρτος	Brot
ἡ ἔρημος	Wüste, Einöde

1: οἱ πατέρες ὑμῶν = eure Väter * 2: sie aßen * 3: Manna *(wunderbare Speise der Israeliten)* * 4: sie starben

Eph 2,19

οὐκέτι ἐστὲ ξένοι καὶ πάροικοι[1] ἀλλὰ ἐστὲ συμπολῖται[2] τῶν ἁγίων καὶ οἰκεῖοι[3] τοῦ θεοῦ

οὐκέτι *und* μηκέτι	nicht mehr
ἔτι	noch
ξένος 3	fremd; Gastfreund

1: die Ausländer * 2: Mitbürger * 3: Hausgenossen, Familienangehörige

Fremdwortbestimmung

Deuten Sie die Fremdwörter mit Hilfe der Vokabelliste. Finden Sie dazu die jeweilige griechische Vokabel und suchen Sie nach einer passenden deutschen Übersetzung des Fremdwortes.

Bibel - Strategie - Kritik

Vokabeln

ὁ κριτής	Richter
κρίνω	unterscheiden, urteilen, richten
ὁ ὑποκριτής	Heuchler
ὁ στρατιώτης	Soldat
ἡ βίβλος *und* τὸ βιβλίον	Buch

Übungen

1. Übersetzen Sie die Substantive ins Deutsche. Geben Sie zu jedem Substantiv die Ausgangsvokabel an.

μαθητῇ - προφῆται - βίβλῳ - ὁδόν - κριτοῦ - βιβλίον - ὑποκριταῖς - παρθένων

2. Übersetzen Sie die Verbindungen ins Griechische. Deklinieren Sie diese anschließend.

der vollendete Weg - der gute Schüler - das alte Buch - der letzte Soldat

3. Ordnen Sie jedem Substantiv ein passendes Adjektiv zu. Achten Sie dabei auf grammatikalisch und inhaltlich sinnvolle Verbindungen.

μαθητῇ	πρῶτοι
παρθένων	νεκρούς
κριταί	ἁγιῶν
βίβλου	ἔσχαται
παρθένοις	σοφῷ
ὁδοί	τελείας
ὑποκρίτας	ἀγαθαῖς

W 1. Bestimmen Sie die Substantive.

ἀγγέλοις - πρόσωπα (2) - ἐκκλησίᾳ - ἀδελφῶν (2) - υἱούς - ψυχήν - φόβου - ἀγάπης - ἀρχαί - χρόνον - στεφάνων - μυστήρια (2) - καρδίαν - θεοί

W 2. Ordnen Sie die Substantive in die Tabelle ein.

διακονίαν - θεόν - ἀγαπῶν - λόγῳ - ξύλου - μυστήρια - σκοτίαν - οἰκία - χρυσίον - ἀνθρώποις

maskulin	feminin	neutrum

W 3. Lösen Sie das Rätsel. Schreiben Sie dazu die deutsche Übersetzung der griechischen Vokabeln in die entsprechenden Kästchen. Die ersten Buchstaben ergeben der Reihe nach ein Lösungswort. Wie heißt es?

1. νῦν - 2. πρῶτος - 3. καί - 4. ὁ ἄγγελος - 5. ὁ υἱός - 6. ὁ διάβολος - 7. τὸ εὐαγγέλιον - 8. ὁ ἥλιος - 9. τὸ ζῷον - 10. ἀλλά - 11. ὁ ἄνθρωπος - 12. ἡ δόξα - 13. οὐ - 14. νεκρός

1	2	3	4	5	6	7	8	9	10	11	12	13	14

Lektion 5

Texte	*Vokabeln*	

Hebr 3,4

πᾶς[1] γὰρ οἶκος κατασκευάζεται ὑπό τινος[2] …

1: jeder *(bezogen auf* οἶκος*)* * 2: irgendeiner *(Gen. Sgl.)*

κατασκευάζω	erbauen
ὑπό + *Gen.*	von *(beim Pass.)*
+ *Akk.*	unter

Jak 3,18

καρπὸς δὲ δικαιοσύνης ἐν εἰρήνῃ σπείρεται τοῖς ποιοῦσιν[1] εἰρήνην.

1: τοῖς ποιοῦσιν = für die, die machen

ὁ καρπός	Frucht, Ertrag
ἡ δικαιοσύνη	Gerechtigkeit
δικαιόω	rechtfertigen
δίκαιος 3	gerecht
σπείρω	säen

Mk 6,30a

Καὶ συνάγονται οἱ ἀπόστολοι πρὸς τὸν Ἰησοῦν …

συνάγω	……………………..
σύν + *Dat.*	mit

Mk 15,24

Καὶ σταυροῦσιν[1] αὐτὸν καὶ διαμερίζονται τὰ ἱμάτια αὐτοῦ ...

1: = σταυρό-ουσιν

σταυρόω	kreuzigen
ὁ σταυρός	Kreuz
διαμερίζω	zerteilen
μερίζω	teilen
τὸ ἱμάτιον	Kleid

Apg 18,15

κριτὴς ἐγὼ τούτων[1] οὐ βούλομαι εἶναι.

1: dieser *(Gen. Pl. mask.)*

βούλομαι	wollen
ἡ βουλή	Überlegung, Beschluss

Mt 24,40-44

τότε δύο ἔσονται[1] ἐν τῷ ἀγρῷ, εἷς παραλαμβάνεται καὶ εἷς ἀφίεται[2]· ... Γρηγορεῖτε[3] οὖν, ὅτι οὐκ οἴδατε[4] ποίᾳ ἡμέρᾳ ὁ κύριος ὑμῶν[5] ἔρχεται. Ἐκεῖνο δὲ γινώσκετε ὅτι εἰ ᾔδει[6] ὁ οἰκοδεσπότης ποίᾳ φυλακῇ ὁ κλέπτης ἔρχεται, ἐγρηγόρησεν ἂν καὶ οὐκ ἂν

τότε	damals, dann
δύο	zwei
ὁ ἀγρός	Acker, Feld
εἷς, μία, ἕν	einer
οὐδείς, οὐδεμία, οὐδέν *und* μηδείς, μηδεμία, μηδέν	....
παραλαμβάνω	an-, aufnehmen

εἴασεν διορυχθῆναι[7] τὴν οἰκίαν αὐτοῦ. διὰ τοῦτο[8] καὶ ὑμεῖς[9] γίνεσθε ἕτοιμοι, ὅτι ᾗ οὐ δοκεῖτε ὥρᾳ[10] ὁ υἱὸς τοῦ ἀνθρώπου ἔρχεται.

1: sie werden sein * 2: er wird im Stich gelassen * 3: seid wachsam * 4: ihr wisst * 5: euer *(bezogen auf* κύριος*)* * 6: εἰ ᾔδει = wenn er wüsste * 7: ἐγρηγόρησεν ἂν καὶ οὐκ ἂν εἴασεν διορυχθῆναι = er würde wachen und nicht zulassen, dass eingebrochen wird in * 8: διὰ τοῦτο = deswegen * 9: ihr * 10: ᾗ οὐ δοκεῖτε ὥρᾳ = in einer Stunde, von der ihr es nicht glaubt

λαμβάνω	nehmen, ergreifen, empfangen
ὅτι	dass, weil; „ : “
ποῖος 3	welcher?, was für ein?
οἷος 3	wie (beschaffen)
ἡ ἡμέρα	Tag
ἔρχομαι	kommen
ἐκεῖνος, η, ο (!)	jener
γινώσκω	erkennen
ἀναγινώσκω	lesen
ὁ οἰκοδεσπότης	Hausherr
ὁ δεσπότης	Herr
ἡ φυλακή	(Nacht-)Wache
φυλάσσω	bewachen, beobachten
ὁ κλέπτης	Dieb
κλέπτω	stehlen
γίνομαι	werden, geschehen, entstehen
ἕτοιμος 3	bereit
ἑτοιμάζω	bereiten

Übungen

1. Bestimmen Sie die Verbformen. Wandeln Sie diese in die jeweils aktivische Form um.

ὑπομένεται - ἀγόμεθα - φαίνῃ - ἀναγγέλλου - ἀποστέλλομαι - λέγονται - προφητεύεσθε - βάλλεσθαι

2. Übersetzen Sie die Formen aus Übung 1. Achten Sie dabei auf die verschiedenen Übersetzungsmöglichkeiten.

3. Finden Sie in jeder Reihe einen Irrläufer. Begründen Sie Ihre Entscheidung.

A ἔρχεται - γίνεται - λέγεται

B συνάγετε - ἀναγινώσκεται - παραλαμβάνουσιν

C κατασκευάζομαι - ἄγομαι - γίνομαι

4. Übersetzen Sie ins Griechische.

Er kommt mit der Schwester. Sie werden vom Bruder aufgenommen. Ihr versammelt euch in der Finsternis. Ich komme in das Haus. Die Bücher werden von den Dienern gelesen. Du bewachst in deinem Interesse das Feld.

W 1. Leiten Sie die Fremdwörter aus dem Griechischen her.

prophezeien - Kritik - Theologie - Kardiologe - Kosmologie

W 2. Finden Sie 10 feminine Wörter.

βίβλος - λόγος - ἀρχή - δέ - ἔρημος - ἐγώ - οὖν - δόξα - ἀγαθή - κύριος - εἰμί - ὁδός - οἰκία - βάλλω - ἄρτος - σοφία - χρυσίον - καί - χωρίς - ζωή - ἁγία

W 3. Übersetzen Sie ins Griechische.

werfen - sagt! - sei gegrüßt! - er ist - ich führe - sie bringen eine freudige Nachricht - ihr haltet durch

W 4. Finden Sie in dem Suchrätsel mindestens 17 Vokabeln. Übersetzen Sie diese.

	1	2	3	4	5	6	7	8	9	10
A	Σ	Ω	Λ	Λ	Ε	Τ	Σ	Ο	Π	Α
B	Ο	Η	Α	Ε	Κ	Θ	Κ	Β	Γ	Ν
C	Τ	Α	Τ	Δ	Λ	Ρ	Φ	Ι	Β	Θ
D	Η	Ι	Ε	Ω	Ι	Α	Α	Β	Α	Ρ
E	Π	Τ	Γ	Ν	Ι	Σ	Κ	Λ	Λ	Ω
F	Α	Ο	Ω	Ν	Μ	Τ	Κ	Ο	Λ	Π
G	Γ	Κ	Ω	Ο	Α	Β	Α	Σ	Ω	Ο
H	Α	Σ	Σ	Β	Σ	Ο	Τ	Ρ	Α	Σ
I	Η	Ν	Ο	Μ	Ο	Π	Υ	Ε	Τ	Κ
J	Υ	Σ	Τ	Ε	Ρ	Ο	Ν	Ε	Ι	Σ

Lektion 6

Texte	*Vokabeln*	
Joh 17,17b		
ὁ λόγος ὁ σὸς ἀλήθειά ἐστιν.	σός 3	dein
Mt 26,21		
ἀμὴν λέγω ὑμῖν ὅτι εἷς ἐξ ὑμῶν παραδώσει[1] με.	ἀμήν	amen (wahrhaftig, sicherlich)
	ὑμεῖς	ihr
1: er wird übergeben / ausliefern		
Joh 7,6		
λέγει οὖν αὐτοῖς ὁ Ἰησοῦς· ὁ καιρὸς ὁ ἐμὸς οὔπω πάρεστιν, ὁ δὲ καιρὸς ὁ ὑμέτερος πάντοτέ ἐστιν ἕτοιμος.	ὁ καιρός	Zeitpunkt, geeignete Zeit
	ἐμός 3	mein
	οὔπω	noch nicht
	πάρειμι	anwesend sein
	ἡ παρουσία	Anwesenheit, Ankunft
	ὑμέτερος 3	euer

Mt 26,39

πάτερ[1] μου, εἰ[2] δυνατόν ἐστιν, παρελθάτω[3] ἀπ᾽ ἐμοῦ τὸ ποτήριον τοῦτο[4]· πλὴν οὐχ ὡς ἐγὼ θέλω ἀλλ᾽ ὡς σύ.

1: Vater * 2: wenn * 3: παρελθάτω ἀπό = es soll an *jmd.* vorübergehen * 4: dieser (*bezogen auf* τὸ ποτήριον)

δυνατός 3	stark, vermögend, möglich
δύναμαι	können, imstande sein
ἀδύνατος 2 (!)	kraftlos, unmöglich
τὸ ποτήριον	Becher, Kelch
πλήν	jedoch; außer
ὡς	wie
θέλω *und* ἐθέλω	wollen, wünschen
σύ	du

1 Kor 11,25

… τὸ ποτήριον ἡ καινὴ διαθήκη ἐστὶν ἐν τῷ ἐμῷ αἵματι[1]·

1: τὸ αἷμα = Blut *(Dat. Sgl.)*

καινός 3	neu
ἡ διαθήκη	Testament, Willenserklärung

1. Joh 2,1-2

Τεκνία[1] μου, ταῦτα[2] γράφω ὑμῖν ἵνα[3] μὴ ἁμάρτητε[4]. καὶ ἐάν τις ἁμάρτῃ[5],

γράφω	schreiben, malen
ἡ γραφή	Schrift

παράκλητον ἔχομεν πρὸς … Ἰησοῦν Χριστὸν δίκαιον· καὶ αὐτὸς[6] ἱλασμός ἐστιν περὶ τῶν ἁμαρτιῶν ἡμῶν, οὐ περὶ τῶν ἡμετέρων δὲ μόνον ἀλλὰ καὶ περὶ ὅλου τοῦ κόσμου.

1: τὸ τέκνιον = Kind * 2: dies(es) * 3: damit * 4: ihr sündigt * 5: ἐάν τις ἁμάρτῃ = wenn irgendeiner sündigt * 6: αὐτός *ist Subjekt, gemeint ist Jesus Christus*

ὁ παράκλητος	Anwalt, Helfer
ἔχω	haben, halten
ὁ ἱλασμός	Sühnung
περί +*Gen.*	über, für
+ *Akk.*	um … herum
ἡ ἁμαρτία	Sünde
ὁ ἁμαρτωλός	Sünder
ἁμαρτάνω	sündigen
ἡμεῖς	wir
ἡμέτερος 3	unser
οὐ μόνον … ἀλλὰ καὶ	nicht nur … sondern auch
μόνον	nur
μόνος 3	allein, einzig
ὅλος 3	ganz

Übungen

1. Übersetzen Sie die Personalpronomen.

ἐμοί - αὐτῆς - ὑμῖν - σέ - ἡμᾶς - αὐτοί - ἐμοῦ - σοί - αὐτούς - ὑμᾶς - ἡμεῖς - αὐτῶν - αὐτῷ

2. Verbinden Sie jeweils ein Possessivpronomen mit einem Substantiv. Achten Sie auf grammatikalisch sinnvolle Verbindungen. Übersetzen Sie diese ins Deutsche.

ἐμῷ	οἶκον
ἡμετέρους	ἱματία
σῆς	ποτηρίῳ
ὑμέτερον	βίβλῳ
ἡμέτερα	ὁδοῦ
ἐμῇ	παρακλήτους

3. Übersetzen Sie ins Griechische.

mir - dich - wir - euch - ihm - uns - du - ihr - dir - es - mich - sie - ihr

W 1. Leiten Sie die Wörter aus dem Griechischen her.

Irene - Eschatologie - Eremit - Zoologie - Archäologie

W 2. Übersetzen Sie die Wörter ins Deutsche. Achten Sie darauf, dass einige Formen gebeugt sind.

χωρίς - βίβλου - σπείρονται - γινώσκεις - τότε - κλέπτην - λαμβάνουσιν - ἄρτοι - κατασκευάζει - ὑπομονῆς - γάρ - ἀποστέλλομαι - ἰδού - τῶν διακόνων - βάλλεται - καί

W 3. Kreuzen Sie die jeweils richtige Lösung an.

	A	B	C
1. μαθητής gehört zur	o-Deklination	a-Deklination	zu einer mir noch nicht bekannten Deklination
2. σοφός ist ein	Adjektiv	Verb	Substantiv
3. ἄγομαι heißt	ich führe	ich werde geführt	ich führe für mich, ich werde geführt
4. Der Gen. Sgl. zu ἡ σκοτία ist	τῶν σκοτιῶν	τῆς σκοτίας	τὴν σκοτίαν
5. Der Artikel zu ὁδός heißt	τό	ἡ	ὁ
6. „Es leuchtet" heißt	φαίνει	φαίνουσιν	φαίνεται
7. ἡ οἰκία ist ein	α-purum	Mischform zwischen α-purum und α-impurum	α-impurum
8. ἔρημος trägt den Artikel	τό	ἡ	ὁ

Lektion 7

Texte | *Vokabeln*

Mk 3,14.19

καὶ ἐποίησεν[1] δώδεκα[2] ...

ἀποστόλλους ... καὶ Ἰούδαν[3]

Ἰσκαριώθ[4], ὃς καὶ παρέδωκεν[5] αὐτόν.

ὅς, ἥ, ὅ — welcher, der

1: er setzte ein * 2: zwölf * 3: Ἰούδας,α = Judas * 4: Ἰσκαριώθ = Iskariot *(Beiname)* * 5: er verriet

Joh 14,17

[Πατὴρ] δώσει[1]... τὸ πνεῦμα[2] τῆς

ἀληθείας, ὃ ὁ κόσμος οὐ δύναται

λαβεῖν[3], ὅτι οὐ θεωρεῖ[4] αὐτὸ

οὐδὲ γινώσκει·

οὐδέ *und* μηδέ — und nicht, auch nicht

1: πατὴρ δώσει = der Vater wird geben * 2: τὸ πνεῦμα = Geist * 3: λαβεῖν = λαμβάνειν * 4: θεωρεῖ = θεωρέ-ει; θεωρέω = sehen

Mt 24,45

Τίς[1] ἄρα ἐστὶν ὁ πιστὸς δοῦλος καὶ φρόνιμος ὃν κατέστησεν[2] ὁ κύριος ἐπὶ τῆς οἰκετείας[3] αὐτοῦ τοῦ δοῦναι[4] αὐτοῖς τὴν τροφὴν ἐν καιρῷ;

1: wer * 2: er hat eingesetzt * 3: Dienerschaft * 4: τοῦ δοῦναι = damit er gibt / um zu geben

ἄρα	also, folglich
πιστός 3	treu, gläubig, zuverlässig
πιστεύω	glauben
ἄπιστος 2 (!)	ungläubig, unglaubhaft
ἡ ἀπιστία	Unglaube, Untreue
ὁ δοῦλος	Sklave, Diener
ὁ σύνδουλος	....
φρόνιμος 2 (!)	verständig, klug
φρονέω	denken, sorgen für
ἐπί + *Gen.*	auf, an, bei, vor, über *(wo?);*
+ *Dat.*	auf, an, bei *(wo?);*
+ *Akk.*	über, auf, zu, nach, gegen *(wohin?)*
ἡ τροφή	Speise

Lk 12,24

… οὐ σπείρουσιν[1] οὐδὲ θερίζουσιν,

οἷς οὐκ ἔστιν ταμεῖον[2] οὐδὲ

ἀποθήκη[3], καὶ ὁ θεὸς τρέφει αὐτούς·

θερίζω	ernten
τρέφω	nähren

1: *gemeint sind Raben* * 2: τὸ ταμεῖον = Vorratskammer * 3 ἡ ἀποθήκη = Scheune

Joh 15,1-4

Ἐγώ εἰμι ἡ ἄμπελος ἡ ἀληθινὴ καὶ

ὁ πατήρ[1] μου ὁ γεωργός ἐστιν. … .

ἤδη ὑμεῖς καθαροί ἐστε διὰ τὸν

λόγον ὃν λελάληκα[2] ὑμῖν· μείνατε[3]

ἐν ἐμοί, κἀγὼ ἐν ὑμῖν.

ἡ ἄμπελος	Weinstock
ὁ γεωργός	Bauer
ἤδη	schon
(ἐπι)μένω	bleiben
κἀγώ	und ich, auch ich

1: Vater * 2: ich habe gesagt * 3: = μένετε

Mk 2,8b

τί[1] ταῦτα διαλογίζεσθε ἐν ταῖς καρδίαις ὑμῶν;

1: warum

οὗτος, αὕτη, τοῦτο	dieser
διαλογίζομαι	überlegen
ὁ διαλογισμός	Überlegung, Gedanke
λογίζομαι	bewerten, überlegen, meinen

Mt 16,18

… σοι λέγω ὅτι σὺ εἶ Πέτρος[1], καὶ ἐπὶ ταύτῃ τῇ πέτρᾳ οἰκοδομήσω[2] μου τὴν ἐκκλησίαν …

1: ὁ Πέτρος = Petrus * 2: ich werde bauen

Mt 21,16

καὶ εἶπαν[1] αὐτῷ· ἀκούεις τί[2] οὗτοι λέγουσιν; ὁ δὲ Ἰησοῦς λέγει αὐτοῖς· ναί.

ἀκούω + *Gen./Akk.*	hören
ναί	ja

1: sie sagten * 2: was

Mt 21,10

τίς[1] ἐστιν οὗτος;

1: wer

Mt 12,31

Διὰ τοῦτο λέγω ὑμῖν …

Joh 5,17

Ὁ δὲ [Ἰησοῦς] ἀπεκρίνατο[1] αὐτοῖς· ὁ πατήρ[2] μου ἕως ἄρτι ἐργάζεται κἀγὼ ἐργάζομαι·

1: = ἀποκρίνεται * 2: Vater

ἀποκρίνομαι	antworten
ἕως	solange
ἄρτι	jetzt, soeben
ἐργάζομαι	arbeiten, bewirken, verrichten
ὁ ἐργάτης	Arbeiter

Übungen

1. Übersetzen Sie ins Deutsche.

Ὁ γεωργὸς , ὃς φρόνιμος ἐστίν, τοὺς ξένους παραλαμβάνει. Ὁ κριτὴς , σὺν ᾧ ὁ γεωργὸς ἐν οἴκῳ μένει, διαλογίζεται. Ἀδελφὴν αὐτοῦ, ᾗ οὐ πιστεύει, φυλάσσει.

2. Übersetzen Sie ins Griechische.

Der Diener, den ich aufnehme, ist klug. Die Zeit, in der du kommst, weissagt niemand. Die Welt, in der wir leben, ist gut.

3. Bestimmen Sie die Formen ohne Hilfsmittel.

τούτων (3) - ταύτην - τούτου (2) - τοῦτο (2) - τοῦτον - αὕτη - οὗτοι - τούτοις (2) - τούτῳ (2) - οὗτος - ταύτῃ - τούτους - ταύταις - αὗται

4. Finden Sie in dem Suchrätsel mindestens 10 Pronomen. Bestimmen Sie diese.

	1	2	3	4	5	6	7
A	ε	μ	η	ς	κ	α	τ
B	ο	α	ι	ς	τ	α	ς
C	ν	υ	ι	α	υ	ι	τ
D	ω	τ	ς	τ	ε	λ	ο
E	μ	α	α	μ	σ	η	υ
F	η	ι	υ	α	κ	θ	τ
G	υ	μ	ε	τ	ε	ρ	ῳ

W 1. Lösen Sie das Silbenrätsel. Übersetzen Sie dazu die angegebenen Vokabeln ins Deutsche. Fügen Sie anschließend die verbleibenden Silben zu einer deutschen Wortverbindung zusammen. Übersetzen Sie diese ins Griechische.

1. κατασκευάζω - 2. βάλλω - 3. ἅγιος - 4. χαίρω - 5. τὸ μυστήριον - 6. ἡ ὑπομονή - 7. ὁ ἀδελφός - 8. ἔρχομαι - 9. ἡ ἀλήθεια - 10. ἡ ἀρχή - 11. δικαιόω - 12. προφητεύω - 13. ἡ ζωή - 14. πρωί - 15. ὁ κοινωνός

An - bau - ben - Bru - der - duld - en - en - er - fang - fen - fer - freu - früh - Ge - Ge - ge - gen - gen - gens - hei - heim - heit - Ka - kom - Le - lig - me - Men - men - mor - nis - rad - rech - recht - sa - schen - sich - te - ti - Wahr - weis - wer

W 2. Übersetzen Sie die Substantive. Achten Sie auf Kasus und Numerus.

ὁδῷ - διαθήκης - ποτήρια - ἀγροί - σταυροῖς - ἄρτον - ἁμαρτωλοί - οἰκοδεσπότου - καρπούς - δόξαις

W 3. Wandeln Sie die Substantive aus Übung W 2 in den jeweils anderen Numerus.

Lektion 8

Texte

Apg 6,7

Καὶ ὁ λόγος τοῦ θεοῦ ηὔξανεν καὶ ἐπληθύνετο ὁ ἀριθμὸς τῶν μαθητῶν ἐν Ἰερουσαλὴμ[1] σφόδρα, πολύς τε ὄχλος τῶν ἱερέων[2] ὑπήκουον τῇ πίστει[3].

1: Ἰερουσαλήμ *(indekl.)* = Jerusalem * 2: der Priester *(Gen. Pl.)* * 3: dem Glauben

Vokabeln

αὐξάνω	wachsen, vermehren
πληθύνω	vermehren
ὁ ἀριθμός	Zahl
σφόδρα	sehr
πολύς, πολλή, πολύ πολλοῦ, -ῆς, -οῦ, *Akk. Sgl. mask.:* πολύν	viel
πολλάκις	oft
τε	und *(nachgestellt)*
ὁ ὄχλος	Volk(smenge)
ὑπακούω	gehorchen
ἡ ὑπακοή	Gehorsam
ἡ ἀκοή	Ohr, Gerücht

Apg 3,1

Πέτρος[1] δὲ καὶ Ἰωάννης[2] ἀνέβαινον εἰς τὸ ἱερὸν ἐπὶ τὴν ὥραν τῆς προσευχῆς τὴν ἐνάτην[3].

1: ὁ Πέτρος = Petrus * 2: ὁ Ἰωάννης, ου = Johannes * 3: ἔνατος = neunter

Mk 1,35

[Ἰησοῦς] … ἐξῆλθεν[1] καὶ ἀπῆλθεν[1] εἰς ἔρημον[2] τόπον κἀκεῖ προσηύχετο.

1: ἐξ- / ἀπ-ῆλθεν = ἐξ- / ἀπ-ήρχετο * 2 : *adjektivischer Gebrauch*

ἀναβαίνω	hinaufgehen, ziehen, reisen
ἀνά + *Akk.*	über … hin, auf
ἄνωθεν	von oben
ἀνάγω	………………………
ἐμβαίνω	………………………
μεταβαίνω	hinübergehen
τὸ ἱερόν	Tempel
ἡ ὥρα	Zeit, Stunde
ἡ προσευχή	Gebet
ἐξέρχομαι	………………………
ἀπέρχομαι	………………………
διέρχομαι	………………………
εἰσέρχομαι	………………………
προσέρχομαι	………………………
συνέρχομαι	………………………
ὁ τόπος	Ort

κἀκεῖ	....
ἐκεῖ	dort
προσεύχομαι	beten, erbitten

Mk 3,23

Καὶ προσκαλεσάμενος[1] αὐτοὺς ἐν παραβολαῖς ἔλεγεν αὐτοῖς· πῶς δύναται σατανᾶς σατανᾶν ἐκβάλλειν;

ἡ παραβολή	Gleichnis
πῶς	wie
ὁ σατανᾶς	Satan
ἐκ-βάλλω	....

1: nachdem er herbeigerufen hatte

Apg 4,33

... χάρις[1] τε μεγάλη ἦν ἐπὶ πάντας[2] αὐτούς.

μέγας, μεγάλη, μέγα μεγάλου, -ης, -ου *Akk. Sgl., mask.:* μέγαν	groß

1: ἡ χάρις = Gnade * 2: alle *(Akk. Pl. mask.)*

Lk 1,6

... Ζαχαρίας[1] ... καὶ ... Ἐλισάβετ[2]

... ἦσαν δὲ δίκαιοι ἀμφότεροι

ἐναντίον[3] τοῦ θεοῦ ...

ἀμφότεροι 3	beide, alle zusammen

1: ὁ Ζαχαρίας, ου = Zacharias * 2: ἡ Ἐλισάβετ *(indekl.)* = Elisabeth * 3: ἐναντίον + *Gen.* = vor

Übungen

1. Übersetzen Sie die Imperfektformen ins Deutsche.

ἔγραφον (2) - ἡμάρτανε - ἡγόμην - διελογίζοντο - ἐσπείρετε - κατεσκευάζετο - ἐμάνθανες - συνήγετε - ἔφαινεν - ἔβαλλον (2) - ὑπεμενόμεθα - ἐπροφήτευες - ἤρχου

2. Finden Sie alle Imperfektformen. Die Anfangsbuchstaben der verbleibenden Wörter ergeben aneinandergereiht eine griechische Verbindung. Übersetzen Sie diese ins Deutsche.

τοῦτο - ἤρχετο - οὐδείς - ἰδού - ἦτε - ἐκβάλλουσιν - Ῥώμη (Rom) - ἐκρίνομεν - ὅλος - νεκρός - ἐγίνωσκον - ἦν - μετάβαινε - κατεσκευάζου - ἐμβαίνεις - ηὐαγγελίζετε - γάρ - ἦσαν - ἄγεις - ἀνηγγελλόμεθα

3. Setzen Sie die Formen ins Imperfekt.

πληθύνουσιν - λογίζεται - προσεύχομαι - ἀναβαίνετε - διαλογίζῃ - ἔρχονται - ὑπακούομεν - αὐξάνει

W 1. Bilden Sie die jeweils richtige Form der Substantive.

τοῦ φρονίμου .... (κλεπτής), αἱ ἀγαθαὶ .... (ἄμπελος), τοῖς δικαίοις .... (κριτής), τὸ ἅγιον .... (βιβλίον), τὴν ἅγιαν .... (βίβλος), τῷ σοφῷ .... (μαθητής), τοὺς νεκροὺς .... (προφήτης), τῆς καινῆς .... (ὁδός)

W 2. Stellen Sie aus den Satzbausteinen 5 grammatikalisch und inhaltlich sinnvolle Sätze zusammen. Die Sätze sollen jeweils aus einem Subjekt, Prädikat, Objekt und einer adverbialen Bestimmung bestehen.

ὁ γεωργὸς φρόνιμος - σύ - οἱ ἀγαθοὶ μαθηταί - ἐγώ - ὁ ἥλιος - ὁ σοφὸς κρίτης - ἡμεῖς - ὑμεῖς

ἄγει - πιστεύει - γράφεις - φαίνει - θέλουσιν - μανθάνειν - ἀναγινώσκομεν - κρίνει - ἔχετε - ἀποστέλλομεν - τελειόω

σῇ ἀγαπητῇ ἀδελφῇ - τοὺς διακόνους τοῦ κυρίου - τῷ δούλῳ - τὴν ἀληθινὴν ὁδόν - τὸν βιβλίον περὶ τῶν ψευδοπροφήτων - τοὺς ἀνθρώπους - τὸν ξένον κλέπτην - ἄρτον

ἐν τῇ σκοτίᾳ - πάντοτε - νῦν - οὐκέτι - ἐν οὐρανῷ - ἐν ταύτῃ ὥρᾳ - ἐν ὑμετέρῳ οἴκῳ - ἐν ὑπομονῇ - μόνον - διὰ τῆς ἐρήμου - εἰς τὴν συναγωγήν

W 3. Bestimmen Sie die Formen.

διαλογίζεται - ἄγουσι - τούτοις - ἀγροί - αἷς - διαμερίζονται - λαμβάνεις - σοφούς - μηκέτι - ἐμοί - ἀποστέλλετε - ἄγεσθαι - φόβων - μυστήριον - ὑμῖν - πάντοτε

Lektion 9

Texte / *Vokabeln*

1 Kor 5,6a

Οὐ καλὸν[1] τὸ καύχημα ὑμῶν.

1: καλός 3 = gut

τὸ καύχημα, ατος	Loblied
ἡ καύχησις, εως	das Rühmen
καυχάομαι	rühmen, preisen

1 Kor 1,11

ἐδηλώθη[1] γάρ μοι περὶ ὑμῶν, ἀδελφοί μου, … ὅτι ἔριδες ἐν ὑμῖν εἰσιν.

1: es wurde berichtet

ἡ ἔρις, ιδος *Akk.:* τὴν ἔριν	Streit

Mt 24,31

καὶ ἀποστελεῖ[1] τοὺς ἀγγέλους αὐτοῦ μετὰ[2] σάλπιγγος μεγάλης …

1: *3. Sgl. Ind. Fut. Akt. zu* ἀποστέλλω * 2: μετά + *Gen.* = mit

ἡ σάλπιγξ, ιγγος	Trompete
σαλπίζω	posaunen

Röm 7,25

χάρις δὲ τῷ θεῷ διὰ Ἰησοῦ Χριστοῦ τοῦ κυρίου ἡμῶν.

ἡ χάρις, ιτος *Akk.:* τὴν χάριν	Anmut, Gnade, Dank

Joh 10,14

Ἐγώ εἰμι ὁ ποιμὴν ὁ καλὸς[1] καὶ γινώσκω τὰ ἐμὰ καὶ γινώσκουσί με τὰ ἐμά

ὁ ποιμήν, ένος	Hirte
ποιμαίνω	weiden

1: καλός 3 = gut

Offb 13,2

καὶ ἔδωκεν[1] αὐτῷ ὁ δράκων τὴν δύναμιν αὐτοῦ καὶ τὸν θρόνον αὐτοῦ καὶ ἐξουσίαν[2] μεγάλην.

ὁ δράκων, οντος	Drache
ἡ δύναμις, εως	Kraft, Macht, Fähigkeit

1: er gab * 2: ἡ ἐξουσία = Macht

Lk 10,27

ἀγαπήσεις[1] κύριον τὸν θεόν σου ἐξ ὅλης [τῆς] καρδίας σου καὶ ἐν ὅλῃ τῇ ψυχῇ σου καὶ ἐν ὅλῃ τῇ ἰσχύϊ σου …

ἡ ἰσχύς, ύος	Kraft, Macht

1: *2. Sgl. Ind. Fut. Akt. zu* ἀγαπάω

1 Kor 13,13

Νυνὶ δὲ μένει πίστις, ἐλπίς, ἀγάπη …

ἡ πίστις, εως	Treue, Zuverlässigkeit, Glaube
ἡ ἐλπίς, ίδος	Hoffnung
ἐλπίζω	hoffen

Offb 20,6

... ἀλλ' ἔσονται[1] ἱερεῖς τοῦ θεοῦ
καὶ τοῦ Χριστοῦ ...

ὁ ἱερεύς, έως	Priester

1: *3. Pl. Ind. Fut. Akt. zu* εἰμί

Fremdwortbestimmung

Deuten Sie die Fremdwörter mit Hilfe der Vokabelliste. Finden Sie dazu die jeweilige griechische Vokabel und suchen Sie nach einer passenden deutschen Übersetzung des Fremdwortes.

Orologie - Charisma - Aster - Politik - Soteriologie - Hierarchie - Basilika - Ichthyosaurier (ὁ σαῦρος = Eidechse) - Sarkasmus - Ethnologie - polymer

Vokabeln

ὁ ἀστήρ, έρος	Stern
ὁ σωτήρ, ῆρος	Erretter, Heiland
ἡ σωτηρία	Rettung, Heil, Erlösung
ἡ σάρξ, σαρκός	Fleisch
τὸ χάρισμα, ατος	Gnadengabe
χαρίζομαι	schenken, vergeben, verzeihen
ὁ ἄρχων, οντος	Herrscher
τὸ ὄρος, ους	Berg

τὸ ἔθνος, ους	Volk, *Pl.:* Heiden
τὸ μέρος, ους	(An-)Teil
ὁ ἰχθύς, ύος	Fisch
ὁ βασιλεύς, έως	König
ἡ πόλις, εως	Stadt

Übungen

1. Deklinieren Sie ὁ ἀστήρ, τὸ καύχημα und ἡ ἐλπίς.

2. Deklinieren Sie jetzt ὁ ἀγαθὸς σωτήρ, ἡ καινὴ πόλις und τὸ ξένον ἔθνος.

3. Bilden Sie die folgenden Formen.

Gen. Sgl. von ὁ βασιλεύς - Akk. Sgl. von τὸ ὄρος - Nom. Pl. von ὁ ποιμήν - Dat. Sgl. von ἡ σάρξ - Dat. Pl. von ὁ δράκων - Akk. Pl. von τὸ χάρισμα - Nom. Pl. von τὸ μέρος - Akk. Sgl. von ὁ σωτήρ - Gen. Sgl. von ἡ πόλις - Gen. Pl. von ἡ σάλπιγξ - Dat. Sgl von ὁ ἰχθύς - Akk. Sgl. von ἡ ἔρις - Dat. Pl. von τὸ καύχημα

4. Bestimmen Sie die Formen durch Ankreuzen.

	Kasus				Num		Genus			Deklinationsklassen									
	N	G	D	A	S	P	m	f	n	ρ	G	L	D	ν	ντ	σ	υ	ευ	ι
σωτῆρος																			
ποιμένες																			
ὄρη (2)																			
βασιλεῖ																			
πίστεως																			
δράκουσι																			
ἔριν																			
χαρίσματος																			
ἰχθύν																			
σαρκί																			
ἐλπίδα																			
ἀστέρας																			

5. Ordnen Sie den Substantiven den jeweils passenden Artikel zu. Übersetzen Sie die entstandenen Verbindungen.

..... χάριν, ... ἀστέρες, ... χάρισμα, ... δράκουσιν, ... ἰσχύν, ... βασιλέως, ...πόλεσιν, ... ἄρχοντας, ... ὄρων, ... ποιμένι, ... ἱερεύσιν, ... ἔθνη, ... ἐλπίδα, ... καυχήματος

τὸ - οἱ - τὰ - τοῦ - τοῦ - τῶν - τῷ - τοῖς - τοῖς - ταῖς - τὴν - τὴν - τὴν - τοὺς

6. Ordnen Sie jedem Substantiv ein passendes Adjektiv zu. Achten Sie dabei auf inhaltlich und grammatikalisch sinnvolle Verbindungen.

σάλπιγγι	πιστῶν
χάριν	κοινοῦ
ἐλπίς	ἀρχαῖοι
πίστιν	μόνην
καυχήματος	ἐκείνην
ἄρχοντες	ξέναις
ἔθνων	ἐσχάτῃ
ἰσχύν	ἀγαθή
ἱερέως	σοφοῦ
πόλεσι	μεγάλην

7. Finden Sie in jeder Reihe einen Irrläufer. Begründen Sie Ihre Entscheidung.

A υἱός - ἐλπίς - σάρξ - ποιμήν - ἔθνος

B ἐκκλησίας - καρδίας - ποιμένας - οἰκίας - προφήτας

C χάρισμα - ἔρις - καύχημα - ἀστήρ - χάρις

8. Bestimmen Sie die Formen.

λόγων - ὥραν - βασιλέως - παρθένοι - χάριν - προσευχῆς - ὁδούς - μαθητῶν - ἄρχοντας - κόσμῳ - ἐλπίδα - καρδίαις - εἰρήνῃ - οἴκους - κύριε - καυχήματος

9. Lösen Sie das Rätsel. Übersetzen Sie dazu die griechischen Vokabeln ins Deutsche. Die hinter den griechischen Vokabeln angegebenen Zahlen zeigen einen Lösungsbuchstaben in der deutschen Übersetzung an. Reihen Sie diese Lösungsbuchstaben aneinander. Sie ergeben einen deutschen Satz. Wie heißt er?

τὸ χάρισμα (1.)	ἡ ἐλπίς (1.)
τὸ ὄρος (vorletzter)	τὸ καύχημα (5.)
ἡ ἔρις (5.)	σαλπίζω (3.)
ὁ ποιμήν (letzter)	ἡ ἰσχύς (letzter)
ὁ δράκων (4.)	ὁ ἀστήρ (1.)
ὁ ἄρχων (1.)	ὑπακούω (6.)
ὁ ἰχθύς (2.)	ἡ καύχησις (3.)
ἡ πόλις (1.)	ὁ βασιλεύς (2.)
ἡ σάρξ (vorletzter)	ποιμαίνω (letzter)

W 1. Vervollständigen Sie die Tabelle. Person und Numerus müssen bei der Bildung der anderen Zeitformen jeweils beibehalten werden.

Präs. Akt.	Präs. Med. - Pass.	Imperf. Akt.	Imperf. Med.-Pass.
	ἔρχομαι		
γράφουσιν			
		ἔκλεπτες	
			ἐκαθαρίζετο
πιστεύω			
	φυλάσσεσθε		
ἐσμέν			

W 2. Leiten Sie die Fremdwörter aus dem Griechischen her.

Nekrophobie - Eremitage - Despot - Topographie - Monolog - Prophylaxe

W 3. Suchen Sie alle Wörter, die zum Themenkreis „Gottesdienst" gehören. Die Anfangsbuchstaben (ohne Artikel) der verbleibenden Wörter ergeben aneinandergereiht ein griechisches Lösungswort. Übersetzen Sie dieses ins Deutsche.

ἡ προσευχή - ἐμός - ἀμήν - ὁ ὑπομονή - ὁ ἀγρός - λέγω - γάρ - ἡ βίβλος - γίνομαι - εἰς - λοιπός - ἅγιος - ἴδε - ἡ ἐκκλησία - ἡ οἰκία - ὁ θεός - ὁ ὄχλος - νῦν - ὁ ἄνθρωπος

Lektion 10

Texte	Vokabeln	
Mt 5,3		
Μακάριοι οἱ πτωχοὶ τῷ πνεύματι, ὅτι αὐτῶν[1] ἐστιν ἡ βασιλεία τῶν οὐρανῶν.	μακάριος 3	glücklich, selig
	ὁ πτωχός	der Arme
	τὸ πνεῦμα, ατος	Geist, Atem
	πνευματικός 3	geistig, geistlich
	ἡ βασιλεία	Königsherrschaft, -reich
	βασιλεύω	(als König) herrschen
Mt 6,22		
Ὁ λύχνος τοῦ σώματός ἐστιν ὁ ὀφθαλμός.	ὁ λύχνος	Lampe
	τὸ σῶμα, ατος	Körper
	ὁ ὀφθαλμός	Auge
Gal 5,22-23		
ὁ δὲ καρπὸς τοῦ πνεύματός ἐστιν ἀγάπη χαρὰ εἰρήνη, μακροθυμία χρηστότης ἀγαθωσύνη, πίστις πραΰτης ἐγκράτεια· κατὰ[1] τῶν	ἡ μακροθυμία	Ausdauer, Geduld
	μακροθυμέω	geduldig warten, ~ sein
	ἡ χρηστότης, ητος	Güte, Milde
	ἡ ἀγαθωσύνη	Rechtschaffenheit

1: *Gen. drückt den Besitz aus (Gen. possessivus)*

τοιούτων οὐκ ἔστιν νόμος.

1: κατά + *Gen.* = über

ἡ πραΰτης, ητος	Sanftmut
ἡ ἐγκράτεια	Enthaltsamkeit
κατά + *Gen.*	von ... herab, über
+ *Akk.*	durch, hinsichtlich, gemäß

κατέρχομαι	....
τοιοῦτος, -αύτη, -οῦτο	derartig
τοσοῦτος,-αύτη, -οῦτο	so groß, so viel
ὁ νόμος	Gesetz
νομίζω	meinen
ἡ ἀνομία	Ungesetzlichkeit, Ungerechtigkeit, Sünde

Mt 25,32

καὶ συναχθήσονται[1] ἔμπροσθεν αὐτοῦ[2] πάντα τὰ ἔθνη, καὶ [ὁ υἱὸς τοῦ ἀνθρώπου] ἀφορίσει[3] αὐτοὺς

ἔμπροσθεν + *Gen.*	vor; vorne, vorwärts *(Adv.)*

πᾶς, πᾶσα, πᾶν παντός,πάσης, παντός	jeder, ganz; *Pl.:* alle

ἀπ' ἀλλήλων, ὥσπερ ὁ ποιμὴν
ἀφορίζει τὰ πρόβατα ...

1: sie werden zusammengeführt / versammelt werden * 2: *gemeint ist* [ὁ υἱὸς τοῦ ἀνθρώπου] * 3: *3. Sgl. Ind. Fut. Aktiv*

ἅπας 3	jeder, ganz; *Pl.:* alle
ἀφορίζω	trennen, auswählen
ἀλλήλων 3	einander, gegenseitig
ἄλλος, η, ο (!)	ein anderer
ὥσπερ	wie
τὸ πρόβατον	Kleinvieh, Schaf

Mt 27,37

Καὶ ἐπέθηκαν[1] ἐπάνω τῆς κεφαλῆς αὐτοῦ τὴν αἰτίαν αὐτοῦ γεγραμμένην[2]· οὗτός ἐστιν Ἰησοῦς ὁ βασιλεὺς τῶν Ἰουδαίων[3].

1: sie brachten an * 2: geschriebene * 3: ὁ Ἰουδαῖος = Jude

ἐπάνω + *Gen.*	über; oben, oberhalb, mehr *(Adv.)*
ἡ κεφαλή	Kopf, Haupt
ἡ αἰτία	Ursache, Grund
αἰτέω	fordern, verlangen, bitten

Kol 1,12.15

εὐχαριστοῦντες[1] τῷ πατρὶ .... ὅς ἐστιν εἰκὼν τοῦ θεοῦ τοῦ ἀοράτου, πρωτότοκος πάσης κτίσεως ...

1: dankt!

ὁ πατήρ, πατρός	Vater
ἡ εἰκών, όνος	Bild, Aussehen, Gestalt
ἀόρατος 2 (!)	unsichtbar
πρωτότοκος 2 (!)	erstgeboren

ἡ κτίσις, εως	Ordnung, Schöpfung
κτίζω	erschaffen

Übungen

1. Vervollständigen Sie die Tabelle.

gegebenes Wort	Bestimmung (Kasus, Numerus, Genus)	Ausgangsform (Nom. Sgl.)	Wandlung des gegebenen Wortes in den anderen Numerus
κτίσιν			
προβάτων			
νόμους			
πνεύματα			
πατρός			
σῶμα			
εἰκόνες			
κεφαλήν			

2. Übersetzen Sie die angegebenen Formen ins Deutsche. Achten Sie auf den Kasus und Numerus.

ἀληθινὴν χρήστοτα - ἄλλων βασιλέων - μακαρίοις πτωχοῖς - πάντα σώματα - πατρὶ μακαρίῳ - ἅπαντες νόμοι - ἀγαθῆς κτίσεως – πρωτοτόκου προβάτου - τελείῳ πνεύματι - πάντας ποιμένας - ἀόρατοι ὀφθαλμοί - τοιαύτη μακροθυμίᾳ

W 1. Übersetzen Sie die Sätze ins Griechische.

Die Menschen beobachten am Himmel einen Stern, der groß ist. - Viele Menschen gehen in den Tempel, weil sie dort beten. - Die Schwester schreibt das Buch, in dem ein Gleichnis steht. - Der Priester rühmt die Taten Gottes in einem Loblied.

W 2. Geben Sie zu jedem Wort jeweils 2 stammverwandte Wörter an.

ἡ ἁμαρτία - ἀγαπάω - ὁ οἶκος - προφητεύω - δικαιόω

W 3. Bestimmen Sie die Formen.

ἐχαρίζετο - ἔριν - ἐκεῖ - ηὔξανον - δυνατοῖς - ποιμένες - θέλουσι - ἐγράφετε - οὐ - καυχήματος - φυλακῆς - ἱερά - κατασκευάζῃ - ὑμῖν - τότε - ἔρχεσθαι - καθαρίζεις - ἐμοῦ - μαθητήν - ὄρους - ἄρχουσι - ἤγομεν - δέ - λέγεις - χαίρετε - προσεύχεσθαι

W 4. Finden Sie in jeder Reihe einen inhaltlichen Irrläufer.

A ποσευχή - καιρός - ἱερόν

B σφόδρα - προσεύχομαι - προσευχή

C παραβολή - ὄρος - τόπος

D ὑπακοή - πολύς - ὑπακούω

E πληθύνω - προσεύχομαι - αὐξάνω

F μεταβαίνω - ἀναβαίνω - ἄγω

G δικαιόω - τε - δικαιοσύνη

H ὑπακούω - ἔρχομαι - ἐμβαίνω

Lektion 11

Texte / Vokabeln

Lk 12,18

... τοῦτο ποιήσω, καθελῶ[1] μου τὰς ἀποθήκας[2] καὶ μείζονας[3] οἰκοδομήσω καὶ συνάξω ἐκεῖ πάντα τὸν σῖτον καὶ τὰ ἀγαθά μου

ποιέω	tun, machen
ζῳοποιέω	lebendig machen
οἰκοδομέω	(er)bauen
ἡ οἰκοδομή	Bau, Gebäude
ὁ σῖτος	Weizen

1: ich werde abreißen * 2: ἡ ἀποθήκη = Scheune * 3: größer *(bezogen auf ἀποθήκας)*

2 Tim 4,18

ῥύσεταί με ὁ κύριος ἀπὸ παντὸς ἔργου πονηροῦ καὶ σώσει εἰς τὴν βασιλείαν αὐτοῦ τὴν ἐπουράνιον· ᾧ ἡ δόξα εἰς τοὺς αἰῶνας τῶν αἰώνων, ἀμήν.

ῥύομαι	erretten
πονηρός 3	böse, schlimm
σῴζω	heilen, retten, bewahren
ἐπουράνιος 2 (!)	himmlisch
ὁ αἰών, ῶνος	Ewigkeit, Zeitalter
αἰώνιος 2 (!)	ewig

Joh 14,26

... τὸ πνεῦμα τὸ ἅγιον, ὃ πέμψει ὁ πατὴρ ἐν τῷ ὀνόματί μου, ἐκεῖνος ὑμᾶς διδάξει πάντα ...

πέμπω	schicken
τὸ ὄνομα, ατος	Name
ὀνομάζω	(be)nennen
διδάσκω	lehren
ἡ διδασκαλία *und* ἡ διδαχή	Lehre, Unterweisung
ὁ διδάσκαλος	Lehrer

1 Thess 1,9

αὐτοὶ γὰρ περὶ ἡμῶν ἀπαγγέλλουσιν ὁποίαν εἴσοδον ἔσχομεν[1] πρὸς ὑμᾶς, καὶ πῶς ἐπεστρέψατε[2] πρὸς τὸν θεὸν ἀπὸ τῶν εἰδώλων δουλεύειν θεῷ ...

ἀπαγγέλλω	melden, berichten
τὸ εἴδωλον	Götze(nbild)
δουλεύω	Sklave sein, dienen, gehorchen

1: ὁποίαν εἴσοδον ἔσχομεν = welche Aufnahme wir fanden * 2: ihr wendetet euch hin

Mt 24,22

διὰ δὲ τοὺς ἐκλεκτοὺς κολοβωθήσονται αἱ ἡμέραι ἐκεῖναι.

ἐκλεκτός 3	auserwählt
ἐκλέγομαι	sich erwählen
κολοβόω	abkürzen

Mt 26,31-33

Τότε λέγει αὐτοῖς ὁ Ἰησοῦς· πάντες ὑμεῖς σκανδαλισθήσεσθε ἐν ἐμοὶ ἐν τῇ νυκτὶ ταύτῃ, γέγραπται[1] γάρ· πατάξω[2] τὸν ποιμένα, καὶ διασκορπισθήσονται[3] τὰ πρόβατα τῆς ποίμνης[4].

σκανδαλίζω	Anstoß geben, ärgern, *jmd.* empören
τὸ σκάνδαλον	Anstößiges, Anlass zur Sünde
ἡ νύξ, νυκτός	Nacht
πατάσσω	(er)schlagen

1: es ist geschrieben * 2: *Fut. von* πατάσσω * 3: διασκορπίζω = zerstreuen * 4: ἡ ποίμνη = Herde

Lk 21,25

Καὶ ἔσονται σημεῖα ἐν ἡλίῳ καὶ σελήνῃ καὶ ἄστροις[1] …

τὸ σημεῖον	Zeichen
ἡ σελήνη	Mond

1: τὸ ἄστρον = Gestirn

Offb 21,3-4

ἰδοὺ ἡ σκηνὴ τοῦ θεοῦ μετὰ τῶν ἀνθρώπων, καὶ σκηνώσει[1] μετ’

ἡ σκηνή	Zelt
μετά + *Gen.*	zwischen, mit

αὐτῶν, καὶ αὐτοὶ λαοὶ αὐτοῦ ἔσονται, καὶ αὐτὸς ὁ θεὸς μετ' αὐτῶν ἔσται [αὐτῶν θεός], καὶ ἐξαλείψει[2] πᾶν δάκρυον ἐκ τῶν ὀφθαλμῶν αὐτῶν, καὶ ὁ θάνατος οὐκ[3] ἔσται ἔτι[3] οὔτε πένθος οὔτε κραυγὴ οὔτε πόνος ...

1: σκηνόω = wohnen * 2: ἐξαλείφω = abwischen, trocknen * 3: οὐκ … ἔτι = οὐκέτι

μετά + *Akk.*	nach
ὁ λαός	Volk
τὸ δάκρυον	Träne
οὔτε *und* μήτε	und nicht
οὔτε ... οὔτε *und* μήτε … μήτε	weder … noch
τὸ πένθος, ους	Klage, Trauer
ἡ κραυγή	Geschrei
ὁ πόνος	Mühe, Arbeit

Übungen

1. Übersetzen Sie die Formen ins Deutsche.

πιστεύσω - βασιλεύσουσιν - ὑπακούσειν - γράψεται - πιστευθήσεται - συναχθησόμεθα - χαρισθήσῃ - προφητευθήσεσθε - κλέψομαι - εὐαγγελίσῃ

2. Vervollständigen Sie die Tabelle.

Futur Akt.	Futur Med.	Futur Pass.
πιστεύσει		
	βασιλευσόμεθα	
		προφητευθήσονται

3. Vervollständigen Sie die Tabelle.

Imperfekt	Präsens	Futur
	γράφεται	
		δουλευθήσονται
ἐπίστευον		
	προφητεύετε	
		σκανδαλισόμεθα

4. Übersetzen Sie ins Griechische.

Der Bruder wird seiner Schwester nicht gehorchen. Der Sklave wird von seinem Herrn errettet werden. Der Schüler wird von dem Lehrer ins Zelt geschickt. Wirst du ein Buch schreiben?

5. Welches deutsche Sprichwort verbirgt sich hinter diesem Vers?

πολλοὶ δὲ ἔσονται πρῶτοι ἔσχατοι καὶ ἔσχατοι πρῶτοι. (Mt 19,30)

W 1. Finden Sie in jeder Reihe einen Irrläufer. Begründen Sie Ihre Entscheidung.

A ἀριθμός - σάλπιγξ - χάρισμα

B ἱεροῦ - δόξης - ἀστέρι

C πνεύματα - λύχνον - παραβολαί

D ἄρτος - ἔρις - στρατιώτης

E πνεύμασι - ἀστέρσιν - δράκοντα

W 2. Übersetzen Sie ins Deutsche.

ὑπὸ τὸ ὄρος μένειν - κατὰ τὸν νόμον γίνεσθαι - σὺν ξένοις χαίρειν - ἐν ἱερῷ προσεύχεσθαι - ἐκ τοῦ οἴκου ἔρχεσθαι - πρὸ τοῦ ὄχλου λέγειν - δία ἡμᾶς - δία τῆς ἐρήμου ἔρχεσθαι - χωρὶς λύχνου ἀναγινώσκειν - μετὰ τὴν ἡμέραν - εἰς τὴν πόλιν ἄγειν

W 3. Finden Sie in dem Suchrätsel mindestens 16 Wörter und übersetzen Sie diese ins Deutsche.

	1	2	3	4	5	6	7	8	9	10
A	π	ρ	ο	β	α	τ	ο	ν	κ	α
B	α	λ	ρ	ι	α	μ	ο	ν	ι	γ
C	ρ	ι	ο	θ	π	ι	σ	τ	ι	ς
D	α	α	ς	α	γ	ρ	ο	ς	ω	ο
E	β	κ	ρ	ι	τ	η	ς	κ	ν	μ
F	ο	θ	ε	λ	ω	κ	β	χ	ε	λ
G	λ	α	ε	γ	ρ	α	φ	ω	μ	α
H	η	γ	α	ρ	τ	ο	ς	ρ	ο	θ
I	ω	ν	ω	π	ε	λ	β	α	π	φ
J	α	ν	α	β	α	ι	ν	ω	υ	ο

Lektion 12

Texte	Vokabeln	

1 Kor 1,25

… τὸ μωρὸν τοῦ θεοῦ σοφώτερον τῶν ἀνθρώπων ἐστὶν καὶ τὸ ἀσθενὲς[1] τοῦ θεοῦ ἰσχυρότερον τῶν ἀνθρώπων.

1: das Schwache

μωρός 3	töricht
ἰσχυρός 3	stark, mächtig
ἰσχύω	stark ~, gesund ~, mächtig sein

1 Kor 10,22

μὴ ἰσχυρότεροι αὐτοῦ ἐσμεν;

Joh 21,18

ἀμὴν ἀμὴν λέγω σοι, ὅτε ἦς νεώτερος, … καὶ περιεπάτεις[1] ὅπου ἤθελες·

1: περιεπάτεις = περιεπάτε-ες

ὅτε	als
νέος 3	neu, jung
περιπατέω	gehen, leben
ὅπου	wo, wohin

Mt 12,6

λέγω δὲ ὑμῖν ὅτι τοῦ ἱεροῦ μεῖζόν ἐστιν ὧδε.

Mt 2,6

καὶ σὺ Βηθλέεμ[1], ... οὐδαμῶς ἐλαχίστη εἶ ἐν τοῖς ἡγεμόσιν[2] Ἰούδα[3]·

1: ἡ Βηθλέεμ *(indekl.)* = Bethlehem * 2: = πόλεσιν * 3: ὁ Ἰούδας, α = Juda

οὐδαμῶς	keineswegs
ὁ ἡγεμών, ονός	Statthalter,Herrscher
ἡγέομαι	führen, meinen, glauben, halten für

Joh 13,13b

ὑμεῖς φωνεῖτέ[1] με· ὁ διδάσκαλος, καί· ὁ κύριος, καὶ καλῶς λέγετε· εἰμὶ γάρ.

1: = φωνέ-ετε

φωνέω	herbeirufen, anreden
ἡ φωνή	Laut, Stimme, Geräusch
καλῶς	gut
καλός 3	schön, angenehm, sittlich gut

Mt 15,22

καὶ ἰδοὺ γυνὴ Χαναναία[1] ἀπὸ τῶν ὁρίων ἐκείνων ... ἔκραζεν ... ·

ἡ γυνή, αικός	Frau
τὰ ὅρια	Grenzen, Gebiet

ἐλέησόν[2] με, κύριε υἱὸς Δαυίδ[3]· ἡ θυγάτηρ μου κακῶς δαιμονίζεται.	κράζω	schreien, rufen
	ἡ θυγάτηρ, τρός	Tochter
	κακῶς	böse, schlecht
	κακός 3	böse, schlecht
	ἡ κακία	Bosheit, Übel
	δαιμονίζομαι	von einem Dämon besessen sein
	τὸ δαιμόνιον	Gottheit, Dämon

1: Χαναναῖος 3 = kanaanäisch * 2: erbarme dich * 3: ὁ Δαυίδ *(indekl.)* = David

2 Tim 1,18

... καὶ ὅσα ἐν Ἐφέσῳ[1] διηκόνησεν[2], βέλτιον σὺ γινώσκεις.	ὅσος 3	wie groß, wie viel
	πόσος 3	wie groß?, wie viel?

1: ἡ Ἔφεσος = Ephesos * 2: = διηκόνε-ε

1 Joh 1,5

Καὶ … ἀναγγέλλομεν ὑμῖν, ὅτι ὁ θεὸς φῶς ἐστιν καὶ σκοτία ἐν αὐτῷ οὐκ ἔστιν οὐδεμία.	τὸ φῶς, φωτός	Licht
	φωτίζω	(er)leuchten

Lk 9,36

καὶ αὐτοὶ ἐσίγησαν[1] καὶ οὐδενὶ ἀπήγγειλαν[2] ἐν ἐκείναις ταῖς ἡμέραις οὐδὲν ...	σιγάω	schweigen

1: = ἐσίγα-ον * 2: = ἀπήγγελλ-ον; ἀπαγγέλλω = ἀναγγέλλω

1 Kor 15,58

... ὁ κόπος ὑμῶν οὐκ ἔστιν κενὸς ἐν κυρίῳ.	ὁ κόπος	Mühe, Arbeit
	κενός 3	leer

1 Kor 5,6b

οὐκ οἴδατε ὅτι μικρὰ ζύμη ὅλον τὸ φύραμα[1] ζυμοῖ[2];	οἶδα	wissen, kennen
	μικρός 3	klein, gering
	ἡ ζύμη	Sauerteig

1: τὸ φύραμα = Teig * 2: ζυμοῖ = ζυμό-ει; ζυμόω = versäuern

Fremdwortbestimmung

Deuten Sie die Fremdwörter mit Hilfe der Vokabelliste. Finden Sie dazu die jeweilige griechische Vokabel und suchen Sie nach einer passenden deutschen Übersetzung des Fremdwortes.

Vokabeln

Philosophie - Oligarchie - Krypta

κρυπτός 3	verborgen
κρύπτω	verbergen
φίλος 3	befreundet; Freund
φιλέω	lieben
ὀλίγος 3	wenig, klein, unbedeutend

Übungen

1. Ordnen Sie die Adjektive in die Tabelle ein. Bestimmen Sie die Formen.

κρυπτώτερος - ἀδύνατος - ἀπιστωτέρου - φιλωτάτῳ - μικρός - πιστώτερον - νεωτάτη - δικαίου - σοφώτερον

Positiv	Komparativ	Superlativ

2. Bestimmen Sie die Adjektivformen. Geben Sie jeweils den Positiv an.

κρείσσων - ἐλάχιστος - πλείων - μικρός - μέγιστος - βελτίων - πλεῖστος - ἐλάσσων - μείζων - κάλλιστος - κράτιστος - καλλίων

3. Finden Sie mindestens 10 griechische Adverbien und übersetzen Sie diese ins Deutsche.

	1	2	3	4	5	6	7	8	9	10
A	ε	ν	ε	ω	τ	ε	ρ	ο	ν	θ
B	α	λ	γ	κ	θ	ο	μ	μ	α	ο
C	δ	σ	ε	ι	υ	ο	λ	ς	δ	α
D	ι	ε	α	υ	ν	ν	ι	κ	υ	α
E	κ	ρ	κ	λ	θ	α	ε	ι	ν	ς
F	ω	σ	α	ι	ν	ε	β	ε	α	ω
G	τ	λ	κ	τ	ι	σ	ρ	τ	τ	ρ
H	α	ο	ω	ι	μ	ο	υ	ω	ω	κ
I	τ	κ	ς	α	ο	υ	τ	ω	ς	ι
J	α	ς	ω	ς	ν	ο	ζ	ι	ε	μ

4. Übersetzen Sie ins Griechische. Die Zahlen in den Klammern geben einen Lösungsbuchstaben im griechischen Wort an (ohne Artikel). Fügen Sie alle Lösungsbuchstaben zu einem griechischen Ausspruch zusammen.

1. Statthalter, Herrscher (4. Buchstabe) - 2. leer (2.) - 3. wenig, klein, unbedeutend (4.) - 4. schreien, rufen (3.) - 5. Kleinvieh, Schaf (4.) - 6. Gebiet, Grenze (3.) - 7. abkürzen (5.) - 8. schön, angenehm, sittlich gut (3.) - 9. schweigen (2.) - 10. verborgen (vorletzter) - 11. neu, jung (1.) - 12. groß (1.) - 13. herbeirufen, anreden

(vorletzter) - 14. Tochter (3.) - 15. keineswegs (4.) - 16. verbergen (1.) - 17. Gottheit, Dämon (2.) - 18. böse, schlecht (Adv.) (1.) - 19. befreundet, Freund (vorletzter) - 20. Frau (3.)

W 1. Vervollständigen Sie die Tabelle.

Imperfekt	Präsens	Futur
	προφητεύουσιν	
ἐβασιλεύεσθε		
		πέμψομεν
	εἶμι	
ἐπιστεύετο		

W 2. Ordnen Sie die Substantive in die Tabelle ein.

μυστήριον - ἐλπίς - δράκων - νόμος - ὄνομα - παρθένος - προφήτης - νύξ - πατήρ - βασιλεία - ἔθνος - πόλις - ἀστήρ

maskulin	feminin	neutrum

W 3. Suchen Sie alle Wörter, die zum Themenkreis „Landwirtschaft“ gehören. Die Anfangsbuchstaben der verbleibenden Wörter ergeben ein Lösungswort.

μηδείς - ἀλλά - καρπός - ῥύομαι - ἱερόν - ποιμαίνω - ἀναβαίνω - ἡμεῖς - ἀγρός - μέγας - ἄρα - γράφω - γεωργός - δράκων - ἅγιος - σάρξ - λύχνος - ἤδη - ποιμήν - νόμος - ἡμέτερος

W 4. Übersetzen Sie die Verbindungen ins Deutsche.

ἀπὸ τοῦ ὄρου ἔρχεσθαι - μετὰ τῶν ἀνθρώπων εἶναι - ἐν τῇ νυκτὶ μανθάνειν - ἐπὶ τῷ ἀγρῷ σπείρειν - εἰς τὴν πόλιν πορεύεσθαι - πρὸ τοῦ ἱεροῦ μένειν - χωρὶς τῶν νόμων βασιλεύειν - ἐν τῷ οἴκῳ ἐργάζεσθαι - διὰ τὸν πατέρα προσεύχεσθαι - σὺν τοῖς φίλοις λέγειν

W 5. Bestimmen Sie die Substantive.

φωτί - δάκρυα - δράκοντας - ὀφθαλμῶν - κτίσεως - σῖτον - πατρός - προβάτοις - πόλιν - δαιμονίου - ἔθνη - νόμους - ὄνομα - ἡμέραν - καυχήματα - γυναιξίν - σκάνδαλα - ὄχλοι - γραφαῖς - πνεύμασι - δικαιοσύνη - γεωργῷ - ἐργάτης - οἰκίων

Lektion 13

Texte

Mt 4, 23

Καὶ περιῆγεν ἐν ὅλῃ τῇ Γαλιλαίᾳ[1] διδάσκων ἐν ταῖς συναγωγαῖς αὐτῶν καὶ κηρύσσων τὸ εὐαγγέλιον τῆς βασιλείας καὶ θεραπεύων πᾶσαν νόσον καὶ πᾶσαν μαλακίαν[2] ἐν τῷ λαῷ.

1: ἡ Γαλιλαία = Galiläa * 2: ἡ μαλακία = Schwäche

Vokabeln

περιάγω	umherziehen
κηρύσσω	verkünden, bekannt machen, predigen, lehren
θεραπεύω	dienen, heilen
ἡ νόσος	Krankheit

Lk 3,16

ἀπεκρίνατο[1] λέγων πᾶσιν ὁ Ἰωάννης[2]· ἐγὼ μὲν ὕδατι βαπτίζω ὑμᾶς· ἔρχεται δὲ ὁ ἰσχυρότερός μου, οὗ οὐκ εἰμὶ ἱκανὸς[3] λῦσαι[4] τὸν ἱμάντα[5] τῶν ὑποδημάτων αὐτοῦ[6]· αὐτὸς ὑμᾶς βαπτίσει ἐν πνεύματι

μέν	*nachgestellte Partikel, z. T. unübersetzt*
ὁ μέν ... ὁ δέ	der eine … der andere aber; zwar … aber; einerseits … andererseits

ἁγίῳ καὶ πυρί·

1: = ἀπεκρίνετο * 2: ὁ Ἰωάννης, ου = Johannes* 3: geeignet * 4: *Inf. zu* λύω * 5: ὁ ἱμάς = Riemen * 6: *entfällt in der Übersetzung*

τὸ ὕδωρ, ατος	Wasser
βαπτίζω	taufen
ὁ βαπτιστής	Täufer
τὸ βάπτισμα, ατος	Taufe
λύω	lösen
ἀπολύω	loslassen
καταλύω	zerstören, auflösen, vernichten
τὸ ὑπόδημα, ατος	Sandale
δέω	binden
ὁ δέσμιος	Gefangener
ὁ δεσμός	Band, Fessel
τὸ πῦρ, ός	Feuer

Röm 1,16-17

Οὐ γὰρ ἐπαισχύνομαι τὸ εὐαγγέλιον, δύναμις γὰρ θεοῦ ἐστιν εἰς σωτηρίαν παντὶ τῷ πιστεύοντι, Ἰουδαίῳ[1] τε πρῶτον καὶ Ἕλληνι[2].

ἐπαισχύνομαι + *Akk.*	sich *wegen jmd.* schämen

δικαιοσύνη γὰρ θεοῦ ἐν αὐτῷ ἀποκαλύπτεται ἐκ πίστεως εἰς πίστιν ...

πρῶτον	zuerst
ἀποκαλύπτω	offenbaren
ἡ ἀποκάλυψις, εως	Offenbarung

1: ὁ Ἰουδαῖος = Jude * 2: ὁ Ἕλλην = Grieche; *hier:* Nichtjude, Heide

Joh 10,1-3

Ἀμὴν ἀμὴν λέγω ὑμῖν, ὁ μὴ εἰσερχόμενος διὰ τῆς θύρας εἰς τὴν αὐλὴν τῶν προβάτων ἀλλὰ ἀναβαίνων ἀλλαχόθεν[1] ἐκεῖνος κλέπτης ἐστὶν καὶ λῃστής· ὁ δὲ εἰσερχόμενος διὰ τῆς θύρας ποιμήν ἐστιν τῶν προβάτων. τούτῳ ὁ θυρωρὸς[2] ἀνοίγει καὶ τὰ πρόβατα τῆς φωνῆς αὐτοῦ ἀκούει καὶ τὰ ἴδια πρόβατα φωνεῖ κατ' ὄνομα καὶ ἐξάγει αὐτά.

ἡ θύρα	Tür
ἡ αὐλή	Hof
ὁ λῃστής	Räuber
ἀνοίγω	öffnen
ἴδιος 3	eigen

1: von anderswoher * 2: Türhüter

1 Kor 15,37

… οὐ τὸ σῶμα[1] τὸ γενησόμενον[2]

σπείρεις ἀλλὰ γυμνὸν κόκκον[3] …

1: *gemeint ist die Frucht* * 2: γίνομαι * 3: ὁ κόκκος = Korn

γυμνός 3	nackt

1 Petr 3,13

Καὶ τίς[1] ὁ κακώσων ὑμᾶς …

[ἐστὶν];

1: wer

κακόω	plagen, quälen

Lk 2,33

καὶ ἦν ὁ πατὴρ αὐτοῦ καὶ ἡ μήτηρ

θαυμάζοντες ἐπὶ τοῖς λαλουμένοις[1]

περὶ αὐτοῦ.

1: *von* λαλέω

ἡ μήτηρ, μητρός	Mutter
θαυμάζω	sich wundern, bewundern
λαλέω	reden, sagen, predigen

Lk 22,69

ἀπὸ τοῦ νῦν δὲ ἔσται ὁ υἱὸς τοῦ ἀνθρώπου καθήμενος ἐκ δεξιῶν[1] τῆς δυνάμεως τοῦ θεοῦ.

κάθημαι	sich setzen, sitzen
δέξιος 3	rechts

1: ἐκ δεξιῶν = zur Rechten

Übungen

1. Ordnen Sie jedem Partizip ein passendes Substantiv zu. Achten Sie auf grammatikalisch und inhaltlich sinnvolle Verbindungen. Übersetzen Sie diese ins Deutsche.

ἐρχόμενοι	ἀνθρώποις
ὄντα	παρθένους
λέγουσαι	ἐλπίς
ἀναγινωσκομένας	δούλῳ
πιστεύσοντι	ποιμένες
ἀναγγελλομένη	φίλαι
προφητεύσουσιν	πάντα

2. Übersetzen Sie die Sätze ins Griechische.

Während er die Gefangenen loslässt, offenbart er das Evangelium. Das Wort, das gesagt wird, ist wahr. Nachdem die Mutter den Vater herbeigerufen hatte, ging sie ins Haus.

3. Finden Sie in jeder Reihe den Irrläufer. Begründen Sie Ihre Entscheidung.

A ἰσχύοντες - ἐπαισχυνομένους - ἀπολυομένων

B ἀποκαλύπτουσα - ἀνοίγων - λυόμενα

C θαυμαζομένου - βαπτίζων - κηρυσσομένῳ

D λέγοντι - λύουσιν - καθαρίζοντι

E ἀκουόντων - πεμφθησομένους - ῥυσομένοις

F βασιλεύσουσα - προφητευσομένη - διδάξουσα

W 1. Ordnen Sie die Formen in die Tabelle ein.

ὑπήκουον - ἀχθήσῃ - κρίνει - προφητεύσουσιν - σπείρειν - γράψονται - ἁγιάζεις - ἐγινώσκου - ἐλέγετο - βασιλευθήσονται - ἐπληθύνες - ἔρχῃ - ἄξετε - βασιλεύσεσθαι - ἄγετε - συνήρχοντο - βαπτίζομαι - πιστεύσομαι

Präs. Akt.	Präs. Med.-Pass.	Imperf. Akt.	Imperf. Med.-Pass.	Fut. Akt.	Fut. Med.	Fut. Pass.

W 2. Finden Sie mindestens 13 griechische Verben und übersetzen Sie diese ins Deutsche.

	1	2	3	4	5	6	7	8	9	10
A	π	ε	μ	π	ο	υ	σ	ι	ν	ν
B	ι	π	ν	ι	ι	χ	μ	ι	β	ε
C	ε	λ	ο	σ	α	α	α	α	α	μ
D	σ	η	γ	τ	μ	ι	ν	τ	σ	ο
E	υ	θ	ε	ε	ο	ρ	θ	ε	ι	ζ
F	ε	υ	λ	υ	σ	ε	α	π	λ	α
G	λ	ν	ε	η	ε	ι	ν	ε	ε	μ
H	υ	ε	σ	τ	ι	ν	ε	λ	υ	ο
I	ο	ν	ε	ι	σ	ι	ι	β	ε	ν
J	δ	η	λ	π	ι	ζ	ο	ν	κ	ω

W 3. Stellen Sie aus den Satzbausteinen grammatikalisch und inhaltlich sinnvolle Sätze zusammen. Diese Sätze sollen jeweils aus einem Subjekt, Prädikat, eventuell einem Objekt und aus einer adverbialen Bestimmung bestehen. Beachten Sie, dass alle Wörter in ihren Grundformen angegeben sind.

ὁ νέος ἱερεύς - ὁ πονηρὸς κλέπτης - ἡ προσευχή - ὁ μικρὸς μαθητής - ὁ ἄπιστος δοῦλος - ἡ ἐκκλησία - ἡ ἔρημος - τὸ φῶς - ἡ σκοτία - ὁ φίλος - τὸ μυστήριον - ὁ κύριος - ὁ οἶκος αὐτοῦ - ὁ ἀγαθὸς πατήρ - ὁ βασιλεύς - ὁ ἄνθρωπος

ἐλπίζω - ἄγω - προσεύχομαι - πατάσσω - φωτίζω - ἔρχομαι - κρύπτω - πέμπω

σύν - ἐν - εἰς - καλῶς - κακῶς - σφόδρα - οὐ - καί

Lektion 14

Texte

Mk 7,14

Καὶ [ὁ Ἰησοῦς] προσκαλεσάμενος
πάλιν τὸν ὄχλον ἔλεγεν αὐτοῖς·
ἀκούσατέ μου πάντες καὶ σύνετε[1].

1: versteht!

Gal 4,12-14

Γίνεσθε ὡς ἐγώ, ὅτι κἀγὼ [εἰμί] ὡς
ὑμεῖς, ἀδελφοί, δέομαι ὑμῶν. οὐδέν με
ἠδικήσατε[1]· οἴδατε δὲ ὅτι δι᾿
ἀσθένειαν τῆς σαρκὸς εὐηγγελισάμην
ὑμῖν τὸ πρότερον[2], καὶ τὸν πειρασμὸν
ὑμῶν ἐν τῇ σαρκί μου οὐκ
ἐξουθενήσατε[3] οὐδὲ ἐξεπτύσατε[4] ...

1: οὐδὲν ἀδικέω + Akk. = *jmd.* nichts Unrechtes tun * 2: τὸ πρότερον = einst * 3: *2. Pl. Ind. Aor. Akt.* * 4: ἐκπτύω = ausspucken

Vokabeln

προσκαλέομαι	herbeirufen
πάλιν	zurück, ferner, wieder
δέομαι + *Gen.*	*jmd.* bitten
ἡ δέησις, εως	Bitte, Gebet
ἀδικέω	ungerecht sein, im Unrecht sein
ἄδικος 2 (!)	ungerecht
ἡ ἀδικία	Ungerechtigkeit, Unrecht
ἡ ἀσθένεια	Schwäche, Krankheit
ἀσθενέω	schwach ~, krank sein

ὁ πειρασμός	Prüfung, Versuchung
πειράζω	versuchen, auf die Probe stellen
ἐξουθενέω	verachten

Joh 9,18

Οὐκ ἐπίστευσαν οὖν οἱ Ἰουδαῖοι[1]
περὶ αὐτοῦ ὅτι ἦν τυφλὸς καὶ
ἀνέβλεψεν ἕως ὅτου[2] ἐφώνησαν τοὺς
γονεῖς αὐτοῦ τοῦ ἀναβλέψαντος

τυφλός 3	blind
ἀναβλέπω	sehend werden
βλέπω	sehen
οἱ γονεῖς, ῶν	Eltern

1: ὁ Ἰουδαῖος = Jude * 2: ἕως ὅτου = bis

Mt 9,27

Καὶ παράγοντι ἐκεῖθεν τῷ Ἰησοῦ
ἠκολούθησαν … δύο τυφλοὶ κράζοντες
καὶ λέγοντες· ἐλέησον ἡμᾶς, υἱὸς
Δαυίδ[1].

παράγω	vorbeigehen
ἐκεῖθεν	von dort
ἀκολουθέω	nachfolgen
ἐλεέω	sich erbarmen, Mitleid haben

1: ὁ Δαυίδ *(indekl.)* = David

τὸ ἔλεος, ους	Mitleid, Erbarmen
ἡ ἐλεημοσύνη	Wohltat, Almosen

Apg 11,21-22

καὶ ἦν χεὶρ κυρίου μετ' αὐτῶν, πολύς τε ἀριθμὸς ὁ πιστεύσας ἐπέστρεψεν ἐπὶ τὸν κύριον. Ἠκούσθη δὲ ὁ λόγος[1] εἰς τὰ ὦτα τῆς ἐκκλησίας τῆς οὔσης ἐν Ἰερουσαλὴμ[2] περὶ αὐτῶν[1] καὶ ἐξαπέστειλαν[3] Βαρναβᾶν[4] [διελθεῖν[5]] ἕως Ἀντιοχείας[6] .

1: ὁ λόγος ... περὶ αὐτῶν *gehört zusammen* * 2: ἡ Ἰερουσαλήμ *(indekl.)* = Jerusalem * 3: *Aor. zu* ἐξαποστέλλω * 4: Βαρναβᾶς, ᾶ = Barnabas * 5: hingehen *(Inf.)* * 6: ἡ Ἀντιοχεία = Antiochia

ἡ χείρ, χειρός, *Dat. Pl.:* χερσί(ν)	Hand
ἐπιστρέφω	zuwenden, sich wenden
στρέφω	wenden
τὸ οὖς, ὠτός	Ohr
ἐξαποστέλλω	aussenden, fortschicken
ἕως + *Gen.*	bis (zu)

Lk 9,52-53

καὶ ἀπέστειλεν[1] ἀγγέλους πρὸ προσώπου αὐτοῦ[2]. καὶ πορευθέντες εἰσῆλθον[3] εἰς κώμην Σαμαριτῶν[4] ὡς[5]

πορεύομαι	reisen, gehen
εἰσπορεύομαι	……………………
ἐκπορεύομαι	……………………

ἑτοιμάσαι αὐτῷ· καὶ οὐκ ἐδέξαντο αὐτόν ...

1: *Aor. zu* ἀποστέλλω * 2: πρὸ προσώπου αὐτοῦ = vor sich her * 3: = εἰσήρχοντο * 4: ὁ Σαμαρίτης = Samariter * 5: ὡς + *Inf.* = um ... zu

ἡ κώμη	Dorf
δέχομαι	annehmen, empfangen
προσδέχομαι	aufnehmen

Übungen

1. Bestimmen Sie die Formen.

ἐλύσατε - θεραπεύσασθαι - ἠγαπήθην - ᾔτησε - ἠκούσθημεν - κρύψας - ἐθαυμάσαντο - ἔκρινα - ἐπροφητεύσατο - πιστευσαμένη - ἀπεκάλυψαν - κατελύθη - ἐνόμισας - πιστευθέν - θεραπεύσασα

2. Ordnen Sie die Formen in die Tabelle ein. Bilden Sie danach die jeweils anderen Genera verbi.

ἐλύσαμεν - ἐπιστεύθην - ἐθεραπεύσατο

Aktiv	Medium	Passiv

3. Übersetzen Sie die Formen ins Deutsche. Achten Sie auf die verschiedenen Tempora.

ἔλυε - θεραπεύεται - ἠκολουθήθη - ἐπειράζετο - ἀγαπηθήσομαι - ἠσθένησα - ἤκουον - λέγομεν - αἰτήσῃ - ἐθαυμάσατε - προσκαλησόμεθα - πιστεύων

W 1. Bestimmen Sie die Formen.

σαρκί - τόποις - πιστευθησομένους - πρόσωπα (2) - ἰσχύοντος (2) - ζωῇ - καθαρίζουσα - πόνων - βασιλευόμενοι - κεφαλήν - πνεῦμα (2) - σώματα (2) - σῳσούσῃ - καταλῦον (2)

W 2. Leiten Sie die Fremdwörter aus dem Griechischen her.

Patrologie - Skandal - Idiot - Didaktik - Aster - Therapie - Heliophobie

W 3. Vervollständigen Sie die Formenketten.

λύω	πιστεύω	ἡ ὥρα	τὸ ἔθνος	ὁ λαός
1. Sgl. Imperf. Akt.	*2. Pl. Sgl. Akt.*	*Nom. Pl.*	*Akk. Sgl.*	*Gen. Sgl.*
⇩....................	⇩....................	⇩....................	⇩....................	⇩....................
1. Sgl. Imperf. Med.-Pass.	*3. Sgl. Imperf. Akt.*	*Akk. Sgl.*	*Nom. Pl.*	*Gen. Pl.*
⇩....................	⇩....................	⇩....................	⇩....................	⇩....................
3. Pl. Imperf. Med.-Pass.	*Part. Präs. Med.-Pass. Nom. Sgl. fem.*	*Akk. Pl.*	*Dat. Sgl.*	*Dat. Sgl.*
⇩....................	⇩....................	⇩....................	⇩....................	⇩....................
3. Pl. Präs. Med.-Pass.	*Inf. Präs. Akt.*	*Dat. Pl.*	*Gen. Pl.*	*Dat. Pl.*
⇩....................	⇩....................	⇩....................	⇩....................	⇩....................

Lektion 15

Texte	Vokabeln	

Mk 1,10

καὶ εὐθὺς ἀναβαίνων ἐκ τοῦ ὕδατος εἶδεν[1] σχιζομένους τοὺς οὐρανοὺς καὶ τὸ πνεῦμα ὡς περιστερὰν καταβαῖνον εἰς αὐτόν·

1: = ἔβλεψεν

εὐθύς *und* εὐθέως	sofort, sogleich *(Adv.)*
εὐθύς, εῖα, ύ	gerade, aufrichtig
σχίζω	zerreißen, spalten
ἡ περιστερά	Taube
καταβαίνω	herabkommen, -gehen, -steigen, -fallen
κάτω	(nach) unten

Mt 9,18

Ταῦτα αὐτοῦ λαλοῦντος αὐτοῖς, ἰδοὺ ἄρχων ... προσεκύνει[1] αὐτῷ λέγων ὅτι ἡ θυγάτηρ μου ἄρτι[2] ἐτελεύτησεν·

1: = προσεκύνε-ε * 2: jetzt, soeben

προσκυνέω + *Dat.*	*jmd.* anbeten
τελευτάω	sterben

Röm 5,6

Ἔτι[1] γὰρ Χριστὸς ὄντων ἡμῶν ἀσθενῶν … κατὰ καιρὸν ὑπὲρ ἀσεβῶν ἀπέθανεν[2].

1: *bezieht sich auf* ὄντων ἡμῶν ἀσθενῶν * 2: ἀπέθανεν = ἀπέθνῃσκεν

ἀσθενής, ές	schwach, krank
ὑπέρ + *Gen.*	für, wegen
+ *Akk.*	über … hinaus
ἀσεβής, ές	gottlos
ἀποθνῄσκω	sterben

Mt 2,1

Τοῦ δὲ Ἰησοῦ γεννηθέντος ἐν Βηθλέεμ[1] τῆς Ἰουδαίας[2] ἐν ἡμέραις Ἡρῴδου[3] τοῦ βασιλέως, ἰδοὺ μάγοι ἀπὸ ἀνατολῶν παρεγένοντο[4] εἰς Ἱεροσόλυμα[5]

1: ἡ **Βηθλέεμ** *(indekl.)* = Bethlehem * 2: ἡ Ἰουδαία = Judäa * 3: ὁ Ἡρῴδης = Herodes * 4: = παρεγίνοντο * 5: ἡ Ἱεροσόλυμα *(indekl.)* = Jerusalem

γένναω	erzeugen, gebären, *Pass.:* geboren werden
τὸ γένος, ους	Geschlecht, Nachkommenschaft, Herkunft, Volk, Gattung
ἡ γένεσις, εως	Geburt, Entstehung, Dasein
ἡ γενεά	Geschlecht, Nachkommenschaft, Generation, Zeit
συγγενής, ές	verwandt
ὁ μάγος	Magier

ἡ ἀνατολή	Osten
παραγίνομαι	herankommen

Lk 15,13-14

καὶ μετ’ οὐ πολλὰς ἡμέρας
συναγαγὼν[1] πάντα ὁ νεώτερος υἱὸς
ἀπεδήμησεν[2] εἰς χώραν μακρὰν καὶ
ἐκεῖ διεσκόρπισεν[3] τὴν οὐσίαν αὐτοῦ
ζῶν ἀσώτως[4]. δαπανήσαντος[5] δὲ αὐτοῦ
πάντα ἐγένετο[6] λιμὸς ἰσχυρὰ κατὰ[7]
τὴν χώραν ἐκείνην ...

1: *Part. Aor. zu* συνάγω * 2: ἀποδημέω = verreisen * 3: διασκορπίζω = verschwenden, verschleudern * 4: ἀσώτως = ausschweifend, in Saus und Braus * 5: δαπανάω = vergeuden * 6: = ἐγίνετο * 7: κατά + *Akk.* = in

ἡ χώρα	Land
τὸ χωρίον	Grundstück, Landgut
χωρίζω	absondern, trennen, scheiden
μακρός 3	lang, weit entfernt
ἡ οὐσία	Vermögen
ζάω	leben
ὁ / ἡ λιμός	Hunger

Lk 3,1

Ἐν ἔτει δὲ πεντεκαιδεκάτῳ[1] τῆς
ἡγεμονίας Τιβερίου Καίσαρος[2],
ἡγεμονεύοντος[3] Ποντίου Πιλάτου[4]
τῆς Ἰουδαίας[5] …

τὸ ἔτος, ους	Jahr
ἡ ἡγεμονία	Herrschaft

1: πεντεκαιδέκατοι 3 = fünfzehnter * 2: ὁ Τιβέριος Καῖσαρ = Kaiser Tiberius * 3: ἡγεμονεύω = Prokurator sein von * 4: ὁ Πόντιος Πιλᾶτος = Pontius Pilatus * 5: ἡ Ἰουδαία = Judäa

Fremdwortbestimmung

Deuten Sie die Fremdwörter mit Hilfe der Vokabelliste. Finden Sie dazu die jeweilige griechische Vokabel und suchen Sie nach einer passenden deutschen Übersetzung des Fremdwortes.

Phototropismus - Tachometer - Hygiene - Anemone

Vokabeln

ὁ τρόπος	(Sinnes-)Art
ὁ ἄνεμος	Wind
ταχύς, εῖα, ύ	schnell
ταχέως	rasch, sogleich
ὑγιής, ές	gesund

ὑγιαίνω	gesund sein
τὸ μέτρον	Maß
μετρέω	messen

Übungen

1. Übersetzen Sie die Sätze ins Griechische.

Während der Bauer Früchte nimmt, spricht der Priester ein Gebet. Nachdem der Hof von bösen Räubern vernichtet worden war, stahlen Diebe das Kleinvieh. Während er die Taufe erhält, freuen sich die Freunde.

2. Bestimmen Sie die Adjektivformen.

ταχεῖ (2) - ὑγιής (2) - ταχύν - ἀσθενεῖ (3) - εὐθύ (2) - συγγενές (2) - εὐθείας (2) - ταχεῖαν - ὑγιέσιν (3) - ἀσθενῶν (3) - συγγενοῦς (3) - εὐθέσιν (2)

3. Ordnen Sie jedem Adjektiv ein passendes Substantiv zu. Übersetzen Sie die entstandenen Verbindungen ins Deutsche.

ταχεία	ἀδελφῶν
εὐθεῖ	περιστερᾷ
ὑγιεῖ	γένη
ἀσθενῶν	βασιλεῖ
συγγενῆ	θυγάτηρ

4. Welches deutsche Sprichwort verbirgt sich hinter diesem Vers?

Ἀλλήλων τὰ βάρη[1] βαστάζετε[2] καὶ οὕτως[3] ἀναπληρώσετε[4] τὸν νόμον τοῦ Χριστοῦ. (Gal 6,2)

1: τὸ βάρος = Last * 2: βαστάζω = tragen * 3: so * 4: ἀναπληρόω = erfüllen

W 1. Stellen Sie aus den Satzbausteinen 5 grammatikalisch und inhaltlich sinnvolle Sätze zusammen. Die Sätze sollen jeweils aus einem Subjekt, einem Prädikat, einer adverbialen Bestimmung und eventuell einem Objekt bestehen.

οἱ κακοὶ λῃσταί - ὁ ἀγαθὸς διδάσκαλος - οἱ πολλοὶ ἀστέρες - ἡμεῖς - σύ

κράζει - ἔρχονται - φωτίζουσιν - πέμπει - εἰσίν - ἄγομεν - ἐργάζῃ

ἐν τῇ σκοτίᾳ - σὺν τοῖς πονηροῖς δούλοις - ἐν τῇ αὐλῇ - εἰς τὴν πόλιν - ἐν τῷ οὐρανῷ - εἰς τὰ ὄρα

τοὺς μακαρίους μαθητάς - τὸν ἀγαθὸν φίλον

W 2. Suchen Sie alle Wörter, die zum Themenkreis „Recht“ gehören. Die Anfangsbuchstaben (ohne Artikel) der verbleibenden Wörter ergeben ein Lösungswort.

ἰδού - ὁ κρίτης - ἡ ὥρα - ἀναβαίνω - ἡ δικαιοσύνη - ἡ νόσος - ὁ νόμος - ἀνακρίνω - νεκρός - ἡμεῖς - δίκαιος - ἡ ἀνομία - στρέφω

W 3. Lösen Sie das Rätsel. Schreiben Sie dazu die deutsche Übersetzung der griechischen Vokabel in die entsprechenden Kästchen. Die grauen Felder ergeben der Reihe nach ein Lösungswort.

1. σφόδρα - 2. ἀλλά - 3. οὐκέτι - 4. ἄρα - 5. ὧδε - 6. ὥσπερ - 7. οὔτε - 8. γάρ - 9. ἐκεῖ

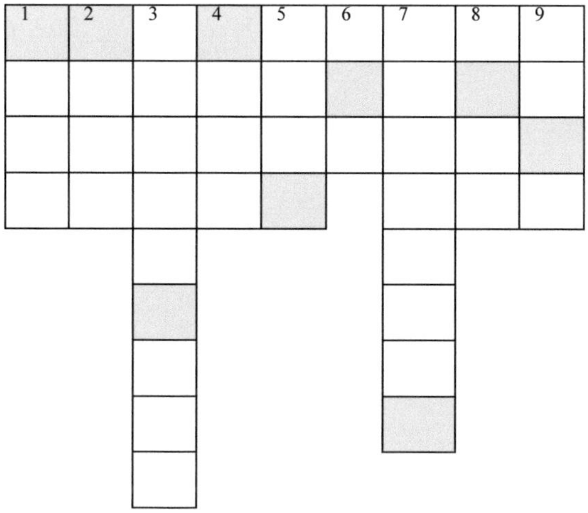

W 4. Ordnen Sie die Verbformen in die Tabelle ein.

βασιλεύσουσι - ἡτοίμαζον - ἠκούσατε - βλεφθήσεσθε - θαυμαζομένου - ἐθεραπεύθη - προσεύχεται - ἐμανθάνετο - ἔκλεψας - ὑπακούειν - ἀναγινώσκοντες - ἐσάλπιζεν - ἐπίστευσεν - θεραπευθείς - ὀνομάσω

Aorist	Imperfekt	Präsens	Futur

Lektion 16

Texte

Mt 22,8

τότε λέγει τοῖς δούλοις αὐτοῦ· ὁ μὲν γάμος ἕτοιμός ἐστιν, οἱ δὲ κεκλημένοι[1] οὐκ ἦσαν ἄξιοι·

1: *von* καλέω

Joh 16,27

αὐτὸς γὰρ ὁ πατὴρ φιλεῖ[1] ὑμᾶς, ὅτι ὑμεῖς ἐμὲ πεφιλήκατε καὶ πεπιστεύκατε ὅτι ἐγὼ παρὰ [τοῦ] θεοῦ ἐξῆλθον[2].

1: = φίλε-ει * 2: = ἐξηρχόμην

Vokabeln

ὁ γάμος	Ehe, Hochzeit(sfeier)
γαμέω	heiraten
καλέω	rufen, vorladen
ἡ κλῆσις, εως	Berufung
κλητός 3	eingeladen, berufen
ἄξιος 3	würdig

παρά + *Gen.*	von … her
+ *Dat.*	neben, bei, unter
+ *Akk.*	vorbei an, neben, bei, wider
παρέρχομαι	………………………
παρακαλέω	bitten, auffordern, trösten

ἡ παράκλησις, εως	Ermunterung, Zuspruch, Bitte

Joh 11,27

λέγει αὐτῷ· ναὶ κύριε, ἐγὼ πεπίστευκα ὅτι σὺ εἶ ὁ χριστὸς ὁ υἱὸς τοῦ θεοῦ ὁ εἰς τὸν κόσμον ἐρχόμενος.

Mt 11,10

οὗτός ἐστιν περὶ οὗ γέγραπται· ἰδοὺ ἐγὼ ἀποστέλλω τὸν ἄγγελόν μου πρὸ προσώπου σου, ὃς κατασκευάσει τὴν ὁδόν σου ἔμπροσθέν σου.

2 Kor 1,1-2

Παῦλος[1] ἀπόστολος Χριστοῦ Ἰησοῦ διὰ θελήματος θεοῦ καὶ Τιμόθεος[2] ὁ ἀδελφὸς τῇ ἐκκλησίᾳ τοῦ θεοῦ τῇ

τὸ θέλεμα, ατος	Wille

οὔσῃ ἐν Κορίνθῳ[3] σὺν τοῖς ἁγίοις πᾶσιν τοῖς οὖσιν ἐν ὅλῃ τῇ Ἀχαΐᾳ[4], χάρις ὑμῖν καὶ εἰρήνη ἀπὸ θεοῦ πατρὸς ἡμῶν καὶ κυρίου Ἰησοῦ Χριστοῦ.

1: ὁ Παῦλος = Paulus * 2: ὁ Τιμόθεος = Timotheus *(Begleiter des Paulus)* * 3: ἡ Κόρινθος = Korinth * 4: ἡ Ἀχαία = Achaia *(römische Provinz)*

1 Kor 7,19

περιτομὴ οὐδέν ἐστιν καὶ ἡ ἀκροβυστία οὐδέν ἐστιν, ἀλλὰ τήρησις[1] ἐντολῶν θεοῦ.

1: ἡ τήρησις = Erfüllung, das Halten

ἡ περιτομή	Beschneidung, die Beschnittenen, Juden
περιτέμνω	beschneiden
ἡ ἀκροβυστία	der Unbeschnittene, Heide
ἡ ἐντολή	Gebot, Befehl
ἐντέλλομαι	befehlen

1 Kor 12,13

καὶ γὰρ ἐν ἑνὶ[1] πνεύματι ἡμεῖς
πάντες εἰς ἓν σῶμα ἐβαπτίσθημεν,
εἴτε Ἰουδαῖοι[2] εἴτε Ἕλληνες[3] εἴτε
δοῦλοι εἴτε ἐλεύθεροι ...

εἴτε … εἴτε	sei es … oder
ἐλεύθερος 3	frei
ἡ ἐλευθερία	Freiheit
ἐλευθερόω	befreien

1: *Dat. Sgl. zu* εἷς * 2: ὁ Ἰουδαῖος = Jude * 3: ὁ Ἕλλην, ηνος = Grieche

Fremdwortbestimmung

Deuten Sie die Fremdwörter mit Hilfe der Vokabelliste. Finden Sie dazu die jeweilige griechische Vokabel und suchen Sie nach einer passenden deutschen Übersetzung des Fremdwortes.

haptisch - Seismograph - Thesaurus - typisch - Sympathie - Misanthrop - Stomatologe

Vokabeln

ὁ τύπος	Spur, Vor-, Urbild
τύπτω	schlagen
τὸ στόμα, ατος	Mund
ἅπτομαι + *Gen.*	*jmd.* anfassen
ὁ θησαυρός	Schatz
ὁ σεισμός	Erdbeben
μισέω	hassen

τὸ πάθος, ους	Leidenschaft
τὸ πάθημα, ατος	Leid, Unglück, Leidenschaft
πάσχω	(er)leiden

Übungen

1. Bestimmen Sie die Formen. Geben Sie jeweils das Grundwort an.

ἐσταύρωκα - κεχωρίσθαι - ἀπολελύκασιν - λέλυμαι - πεπορευμέναις - ἠδίκηκεν - βεβάπτισται - δεδουλευκώς - δεδιδάγμεθα - γεγαμήκας - πεπιστευκότι - γεγραμμένος - τεθεραπευκέναι

2. Vervollständigen Sie die Tabelle.

Futur	Präsens	Imperfekt	Aorist	Perfekt
πιστεύσουσιν				
	λύων			
		ἐθεραπευόμην		
				γέγραφεν

3. Finden Sie alle Perfektformen. Wenn Sie die Anfangsbuchstaben der verbleibenden Wörter aneinanderreihen, erhalten Sie ein griechisches Lösungswort. Übersetzen Sie dieses ins Deutsche.

πεπίστευμαι - θεραπεύοντες - ἦγε - ἀπολελύκατε - τεθεράπευσαι - σῴζετε - ἁγιάζων - ἠγάπηκα - ὑίου - ῥύσεται - πεφαγκέναι - βέβλεμμαι - κέκρικεν - ὀνομάζεις - σταυρώσεις - πεπόρευσθε

4. Welches deutsche Sprichwort verbirgt sich hinter diesem Vers?

τὸ μὲν πνεῦμα πρόθυμον[1] ἡ δὲ σὰρξ ἀσθενής. (Mt 26,41)

1: πρόθυμος 3 = willig

W 1. Bestimmen Sie die Substantive und geben Sie jeweils das Grundwort an.

φυλακῆς - γεωργούς - βασιλέων - πόλεσι - κόσμοι - βιβλίου - στρατιώτης - δράκοντας - καυχήματα - ἔριν - εἰρήνην - ὀνόματι - βίβλου - πατράσιν - πρόβατα

W 2. Vervollständigen Sie die Formenketten.

ἡ ἀδελφὴ ἄδικος	τὸ πῦρ ἰσχυρόν	ὁ μαθητὴς πιστός
⇨....................	⇨....................	⇨....................
Gen. Pl.	*Dat. Sgl.*	*Gen. Sgl.*
⇨....................	⇨....................	⇨....................
Dat. Sgl.	*Akk. Pl.*	*Nom. Pl.*
⇨....................	⇨....................	⇨....................
Akk. Pl.	*Nom. Pl.*	*Dat. Sgl.*
⇨....................	⇨....................	⇨....................
Nom. Pl.	*Gen. Sgl.*	*Akk. Pl.*
⇨....................	⇨....................	⇨....................
Gen. Sgl.	*Akk. Sgl.*	*Dat. Pl.*

W 3. Ordnen Sie die Wörter in die Tabelle ein.

μέγας - σός - κακῶς - λυομένοις - ταύτης - τρόπῳ - σε - θεραπεύσασιν - τελείου - γονεῖς - οὗ - γυμνοῖς - νῦν - ἐλπίδος - γεγραμμένου - ἀνομίας - ἴδιον - ἐκεῖθεν - ὄντα

Substantiv	Pronomen	Adjektiv	Partizip	Adverb

W 4. Kreuzen Sie die jeweils richtige Lösung an.

	A	B	C
ἀσεβής	gottlos	gottesfürchtig	Gottlosigkeit
βλέπω	gehen	werfen	sehen
φίλος	befreundet, Freund	Freundschaft	lieben
δέχομαι	sich freuen	annehmen, empfangen	übernehmen
μέγας	klein	schön	groß
καιρός	Zeitpunkt, geeignete Zeit	Gruß	Freude
ἔρχομαι	reisen	kommen	sagen
τυφλός	taub	gelähmt	blind
ἀποκαλύπτω	offenbaren	verdecken	stehlen
ἐκλεκτός	verborgen	auserwählt	geliebt
ἰχθύς	Fisch	Kraft	Macht

Lektion 17

Texte / *Vokabeln*

Apg 17,18

τινὲς δὲ ... φιλοσόφων συνέβαλλον[1]

αὐτῷ[2], καί τινες ἔλεγον· τί ἂν θέλοι[3]

ὁ σπερμολόγος[4] οὗτος λέγειν;

1: συμβάλλω = diskutieren * 2: *gemeint ist Paulus* * 3: ἂν θέλοι = θέλει * 4: ὁ σπερμολόγος = Schwätzer

τις, τι *(enkl.)*	irgendeiner, irgendetwas
ὁ φιλόσοφος	Philosoph
τίς, τί	wer?, was?

Lk 10,33-34

Σαμαρίτης[1] δέ τις ὁδεύων[2] ἦλθεν[3]

κατ'[4] αὐτὸν καὶ ἰδὼν[5] ἐσπλαγχνίσθη,

καὶ ... κατέδησεν[6] τὰ τραύματα[7] αὐτοῦ

ἐπιχέων[8] ἔλαιον καὶ οἶνον,

ἐπιβιβάσας[9] δὲ αὐτὸν ἐπὶ τὸ ἴδιον

κτῆνος[10] ἤγαγεν[11] αὐτὸν εἰς

πανδοχεῖον[12] ...

1: ὁ Σαμαρίτης = Samaritaner * 2: ὁδεύω = reisen * 3: ἦλθεν = ἤρχετο * 4: κατὰ + *Akk.* = zu * 5: ἰδών = βλέψας * 6: καταδέω = verbinden * 7: τὸ τραῦμα = Wunde *

σπλαγχνίζομαι	sich erbarmen, Mitleid empfinden
τὰ σπλάγχνα	Eingeweide, Herz, Liebe, Erbarmen
τὸ ἔλαιον	Öl
ἡ ἐλαία	Ölbaum
ὁ οἶνος	Wein

8: ἐπιχέω = darauf gießen * 9: ἐπιβιβάζω = aufsteigen lassen * 10: τὸ κτῆνος = Reittier * 11: ἤγαγεν = ἦγεν * 12: τὸ πανδοχεῖον = Herberge

Joh 12,34

Ἀπεκρίθη οὖν αὐτῷ ὁ ὄχλος· ἡμεῖς ἠκούσαμεν ἐκ τοῦ νόμου ὅτι ὁ χριστὸς μένει εἰς τὸν αἰῶνα, καὶ πῶς[1] λέγεις σὺ ὅτι[2] δεῖ ὑψωθῆναι τὸν υἱὸν τοῦ ἀνθρώπου; τίς ἐστιν οὗτος ὁ υἱὸς τοῦ ἀνθρώπου;

1: πῶς = warum * 2: ὅτι = :

δεῖ	es ist nötig, man muss, ~ soll
ὑψόω	erhöhen
ὑψηλός 3	hoch, erhaben
ὕψιστος 3	höchster, erhabenster

Mt 18,25

μὴ ἔχοντος δὲ αὐτοῦ ἀποδοῦναι[1] ἐκέλευσεν ... ὁ κύριος πραθῆναι[2] [αὐτὸν] καὶ τὴν γυναῖκα καὶ τὰ τέκνα καὶ πάντα ὅσα ἔχει …

1: zahlen *(hier: Inf. Aor. Akt.)* * 2: verkaufen *(hier: Inf. Aor. Pass.)*

κελεύω	befehlen
τὸ τέκνον	Kind

Hebr 6,11

ἐπιθυμοῦμεν[1] δὲ ἕκαστον ὑμῶν τὴν αὐτὴν ἐνδείκνυσθαι[2] σπουδὴν πρὸς τὴν πληροφορίαν[3] τῆς ἐλπίδος ἄχρι τέλους ...

1: = ἐπιθυμέ-ομεν * 2: zeigen *(Inf. Präs. Akt.)* * 3: ἡ πληροφορία = Gewissheit

ἐπιθυμέω	wünschen, begehren
ἡ ἐπιθυμία	Verlangen, Begierde
ὁ θυμός	Zorn, Leidenschaft
ἕκαστος 3	jeder
ἡ σπουδή	Eile, Eifer
σπουδάζω	sich beeilen
ἄχρι + *Gen.*	bis
τὸ τέλος, ους	Ende
τελέω	beenden

Röm 2,19

πέποιθάς[1] τε σεαυτὸν ὁδηγὸν[2] εἶναι τυφλῶν, φῶς τῶν ἐν σκότει ...

1: 2. *Sgl. Ind. Perf. Akt. zu* πείθω * 2: ὁ ὁδηγός = Führer

πείθω	überreden, -zeugen, *Pass.:* sich überreden lassen
σεαυτοῦ, -ῆς	*Reflexivpronomen 2. Sgl.*

ἐμαυτοῦ, -ῆς	*Reflexivpronomen 1. Sgl.*
τὸ σκότος, ους	Finsternis

Röm 5,8

συνίστησιν[1] δὲ τὴν ἑαυτοῦ ἀγάπην εἰς ἡμᾶς ὁ θεός, ὅτι ἔτι ἁμαρτωλῶν ὄντων ἡμῶν Χριστὸς ὑπὲρ ἡμῶν ἀπέθανεν[2].

ἑαυτοῦ, -ῆς, -οῦ	*Reflexivpronomen 3. Sgl.*
ἑαυτῶν, -ῶν, -ῶν	*Reflexivpronomen 1. / 2. / 3. Pl.*

1: er erweist * 2: ἀπέθανεν = ἀπέθνῃσκεν

Lk 16,3

εἶπεν[1] δὲ ἐν ἑαυτῷ ὁ οἰκονόμος· τί ποιήσω[2], ὅτι[3] ὁ κύριός μου ἀφαιρεῖται[4] τὴν οἰκονομίαν ἀπ' ἐμοῦ;

ὁ οἰκονόμος	Verwalter
ἀφαιρέω	wegnehmen
ἡ οἰκονομία	Verwaltung

1: = ἔλεγε * 2: *1. Sgl. Konj. Aor. Akt. zu* ποιέω = ich soll … * 3: denn * 4: = ἀφαιρέ-εται

Röm 2,15

οἵτινες ἐνδείκνυνται[1] τὸ ἔργον τοῦ νόμου γραπτὸν[2] ἐν ταῖς καρδίαις αὐτῶν …

ὅστις, ἥτις, ὅ τι	jeder, der; *Pl.:* alle, die

1: sie erweisen * 2: geschrieben (*bezogen auf* ἔργον)

Joh 2,5

λέγει ἡ μήτηρ αὐτοῦ τοῖς διακόνοις·

ὅ τι ἂν λέγῃ[1] ὑμῖν ποιήσατε.

1: ἂν λέγῃ = λέγει

Übungen

1. Finden Sie in dem Suchrätsel mindestens 7 verschiedene Formen von τίς bzw. τις. Bestimmen Sie diese.

	A	B	C	D	E
1	τ	τ	ι	σ	τ
2	τ	ι	ν	ι	ι
3	ι	ν	σ	α	ν
4	ν	ε	ν	ι	ω
5	α	ς	ι	τ	ν

2. Bestimmen Sie die Formen.

αἵτινες - ὅντινα - ἥτις - αἷστισιν - ὧντινων - ᾧτινι - ὅ τι - οὕστινας - ἥντινα - οὗτινος - ὅστις - ᾗτινι - ἅτινα - οἷστισιν - οἵτινες

3. Finden Sie den Irrläufer in jeder Reihe. Begründen Sie Ihre Entscheidung

A ᾧ - ᾗ - τίνι

B ὅστις - ἅτινα - ἥτις

C τίσιν - τίνας - τινός

D τὶς - τις - ἥτις

E τινές - τίνος - ἧστινος

4. Übersetzen Sie ins Griechische.

Der Verwalter befiehlt, dass der Sklave arbeitet. Der König glaubt, dass der Wind den Tempel zerstören wird. Es ist nötig, dass der Richter den Dieb richtet. Die Frauen sagen, dass sie die Kinder gesehen haben.

5. Welches deutsche Sprichwort verbirgt sich hinter diesem Vers?

καὶ εὐθέως ἀπέπεσαν[1] αὐτοῦ ἀπὸ τῶν ὀφθαλμῶν ὡς λεπίδες[2] (Apg 9,18)

1: *Aor. zu* ἀποπίπτω = abfallen * 2: ἡ λεπίς = Schuppe

W 1. Bestimmen Sie die Pronomen. Geben Sie jeweils die Grundform an.

τοιούτου - οἷς - ἐμοῖ - τοσαύτῃ - ὑμῶν - ἅς - ὑμέτεροι - ταύταις - σοῦ - τοῦτον - αὐτοῖς - τοῦτο - ἡμετέραις - οὗτοι - ὑμῖν - ἐγώ - τοσαύτη - ταῦτα - ἐμός

W 2. Geben Sie zu jeder Vokabel zwei stammverwandte Wörter an.

πιστεύω - ἀσθένεια - διδάσκαλος - δύναμαι - ἀκούω

W 3. Ordnen Sie jedem Adjektiv ein Substantiv zu. Achten Sie auf grammatikalisch und inhaltlich sinnvolle Verbindungen. Übersetzen Sie diese ins Deutsche.

ἀξίῳ	σκηναῖς
ταχέως	πρόβατα
νέαις	μαθηταί
ἰσχυροί	δεσπότῃ
ὑγιῆ	ἄρχοντι
ἀδίκοις	βασιλέα
τυφλοί	πατέρες
ἀσθενεῖ	ἀδελφαῖς
φρόνιμον	γεωργῶν
πιστῶν	λῃστοῦ

W 4. Ordnen Sie die Formen in die Tabelle ein.

ἠρχόμην - τεθεράπευκεν - ἀνοίγομεν - λυθήσῃ - ἴσχυες - πιστεύσας - ἐβαπτίζοντο - ἰσχύοντες - δαιμονίσονται - δίδασκε - ἔπεμψαν - πεφιληκυῖα - ἀποκαλύψουσα - λελάληται - σχισαμένῳ - νομίζουσιν - βασιλευθείς

Präsens	Futur	Imperfekt	Aorist	Perfekt

Lektion 18

Texte

Offb 17,4

καὶ ἡ γυνὴ ἦν περιβεβλημένη[1] πορφυροῦν[2] … καὶ κεχρυσωμένη[3] χρυσίῳ καὶ λίθῳ τιμίῳ καὶ μαργαρίταις[4], ἔχουσα ποτήριον χρυσοῦν[5] ἐν τῇ χειρὶ αὐτῆς γέμον βδελυγμάτων[6] καὶ τὰ ἀκάθαρτα …

1: *von* περιβάλλω * 2: τὸ πορφυροῦν = Purpurgewand * 3: χρυσόω = mit Gold schmücken * 4: ὁ μαργαρίτης = Perle * 5: χρυσοῦς 3 = golden * 6: τὸ βδέλυγμα = Greuel

Vokabeln

περιβάλλω	umlegen, anziehen
ὁ λίθος	Stein
τίμιος 3	wertvoll
τιμάω	schätzen, ehren
ἡ τιμή	Preis, Ehre
γέμω + *Gen.*	voll sein von
ἀκάθαρτος 2 (!)	unsauber, -rein, schamlos
ἡ ἀκαθαρσία	Schmutz, Unsittlichkeit, Schamlosigkeit

Mk 15,7

ἦν[1] δὲ ὁ λεγόμενος Βαραββᾶς[2] μετὰ τῶν στασιαστῶν δεδεμένος[1] οἵτινες ἐν τῇ στάσει φόνον πεποιήκεισαν.

ὁ στασιαστής	Aufrührer
ἡ στάσις, εως	Aufruhr
ὁ φόνος	Mord

1: ἦν … δεδεμένος * 2: ὁ Βαραββᾶς, ου = Barabbas

φονεύω	töten

Lk 9,33-34

καὶ ἐγένετο[1] ἐν τῷ διαχωρίζεσθαι[2] αὐτοὺς ἀπ' αὐτοῦ εἶπεν[3] ὁ Πέτρος[4] πρὸς τὸν Ἰησοῦν· ἐπιστάτα[5], καλόν ἐστιν ἡμᾶς ὧδε εἶναι, καὶ ποιήσωμεν[6] σκηνὰς … . ταῦτα δὲ αὐτοῦ λέγοντος ἐγένετο[7] νεφέλη καὶ ἐπεσκίαζεν[8] αὐτούς·

ὁ ἐπιστάτης	Meister
ἡ νεφέλη	Wolke

1: = ἐγίνετο; γίνομαι = geschehen, dass * 2: = χωρίζεσθαι * 3: = ἔλεγεν * 4: Petrus * 5: *Vokativ* * 6: lasst uns machen (bauen) * 7: = ἐγίνετο * 8: ἐπισκιάζω = überschatten

Röm 4,16

Διὰ τοῦτο [δικαιοσύνη ἐστίν] ἐκ πίστεως … εἰς τὸ εἶναι βεβαίαν τὴν ἐπαγγελίαν παντὶ τῷ σπέρματι …

βέβαιος 3	fest, zuverlässig
ἡ ἐπαγγελία	Versprechen, Verheißung

ἐπαγγέλλομαι	verheißen, versprechen
τὸ σπέρμα, ατος	Same

Lk 1,57

Τῇ δὲ Ἐλισάβετ[1] ἐπλήσθη[2] ὁ χρόνος τοῦ τεκεῖν[3] αὐτὴν καὶ ἐγέννησεν υἱόν.

τίκτω	hervorbringen, gebären

1: ἡ Ἐλισάβετ *(indekl.)* = Elisabeth * 2: er, sie, es kam * 3: *Inf. Aor. Akt. zu* τίκτω

Mt 7,8

πᾶς γὰρ ὁ αἰτῶν[1] λαμβάνει καὶ ὁ ζητῶν[2] εὑρίσκει …

ζητέω	suchen
εὑρίσκω	finden

1: = αἰτέ-ων * 2: = ζητέ-ων

Fremdwortbestimmung

Deuten Sie die Namen mit Hilfe der Vokabelliste.

Theodor - Nike - Sebastian

Vokabeln

νικάω	(be)siegen
ἡ δωρεά	Geschenk
τὸ δῶρον	Gabe
σέβομαι	verehren
ἡ εὐσέβεια	Frömmigkeit

Übungen

1. Übersetzen Sie ins Deutsche.

ἐπεποιήκειμεν - κεκελεύκειν - πεπιστευκὼς ἦν - ἐσταύρωτο - τετελευτήκεισαν - ἐκεκρύμμεθα - τεθεραπευμένος ἦς - ἐλέλυντο - ἐβεβασιλεύκει - λελυκυῖα ἤμην - τεθεραπεύκεις - ἐπεπίστευσο - ἀπελέλυσθε - βεβαπτισμένοι ἤμεθα

2. Unterstreichen Sie alle Plusquamperfektformen. Die Anfangsbuchstaben der verbleibenden Wörter ergeben ein Lösungswort.

ἐλελύκειμεν - ὀνομαζόντων - ἴσχυον - τεθαυμακυῖα ἦν - κεκέλευκα - ἐβεβασίλευντο - οἰκοδομέω - ῥύῃ - ἰδού - λελαλήκειμεν - νομίζετε - κεκληκὼς ἤμην - ἐτεθεράπευτο - θαυμασάμενος - ἴδε - πεπιστεύκειν - οἶδεν - πεπροφητευμένον ἦν - ἰσχύουσα - κεκελεύκειτε

3. Ordnen Sie die Verbformen in die Tabelle ein.

λυσόμενος - λυόμεθα - λελυκώς - ἔλυον - λῦσαι - λελύσθαι - λύσειν - λύε - λέλυσθε - ἐλύοντο - ἐλελύκεισαν - λυθήσεται - ἔλυσας - λύσας - ἐλύετε - λελυκὼς ἦν - λύουσι - λύσοντι - ἐλυσάμεθα - λελύμεθα - λελύκεις - ἐλύετο - λύομεν - λύσει - ἐλύθη - λελυμένοι ἦσαν

Fut.	Präs.	Imperf.	Aor.	Perf.	Plus.

W 1. In die deutschen Übersetzungen haben sich Fehler eingeschlichen.
Finden und verbessern Sie diese. Begründen Sie Ihre Entscheidung.

Ὁ πατὴρ οὐ τὸ τέκνον κράζον ἐκ τοῦ οἴκου οὐδαμῶς ἐκβάλλει.

Der schreiende Vater wirft das Kind aus dem Haus.

Ἡ θύγατηρ τὸν δοῦλον αὐτῆς σὺν τροφαῖς ἀγαθαῖς εἰς τὸν ἀγρόν πέμπουσα σὺν φίλῳ ἀπήρχετο.

Während die Tochter ihren Sklaven mit guten Speisen auf das Feld schickt, ging sie mit dem Freund weg.

Ὁ ἱερεὺς ἐν τῷ ἱερῷ προσευξάμενος τὴν ἐκκλησίαν ἐδέξατο.

Bevor der Priester im Tempel betete, empfing er die Gemeinde.

W 2. Suchen Sie alle Wörter, die zum Themenkreis „Haus und Wohnung“ gehören. Die Anfangsbuchstaben (ohne Artikel) der verbleibenden Wörter ergeben ein Lösungswort.

ἡ θύρα - τὸ πνεῦμα - ἰδού - λαλέω - ὁ οἰκοδεσπότης - ἅγιος - ἡ αὐλή - τότε - ὁ λύχνος - ὁ οὐρανός - ὁ δοῦλος - σκανδαλίζω

W 3. Wandeln Sie die Formen in den jeweils anderen Numerus.

κελεύουσιν - σπουδῶν - ἐνόμιζον - θύραν - ἡμεῖς - στόμα - ἐστιν - τυφλός - τούτοις - λύεται - λόγῳ - σύ - σκηναῖς - τούτου

W 4. Ordnen Sie jedem griechischen Wort seine deutsche Übersetzung zu.

1. ἔτι	A. schon
2. πάλιν	B. dort
3. τε	C. wie
4. γάρ	D. nicht
5. ἤδη	E. noch
6. ἐκεῖ	F. also, folglich
7. οὐ	G. aber, sondern
8. ἄρτι	H. zurück, ferner, wieder
9. ὡς	I. dass, weil, „:“
10. ἀλλά	J. außen, draußen
11. ὅτι	K. damals, dann
12. ἄρα	L. und
13. τότε	M. jetzt, soeben
14. ἔξω	N. denn, nämlich

Lektion 19

Texte	Vokabeln	
1 Thess 5,6		
ἄρα οὖν μὴ καθεύδωμεν ὡς οἱ λοιποί	καθεύδω	schlafen
ἀλλὰ γρηγορῶμεν καὶ νήφωμεν[1].	γρηγορέω	wach(sam) sein

1: νήφω = nüchtern sein

Texte	Vokabeln	
Mk 12,14		
ἔξεστιν δοῦναι[1] κῆνσον[2] Καίσαρι[3] ἢ οὔ; δῶμεν[4] ἢ μὴ δῶμεν[4];	ἔξεστιν	es ist möglich, ~ erlaubt
	ἤ	oder, als

1: *Inf. Aor.*, zahlen * 2: ὁ κῆνσος = Steuer(n) * 3: ὁ Καῖσαρ, αρος = Kaiser * 4: *Aor. Konj.*, geben

1 Kor 16,11

μή τις οὖν αὐτὸν ἐξουθενήσῃ.

Texte	Vokabeln	
1 Joh 4,9	φανερόω	offenbaren, *Pass.*: sichtbar ~, bekannt werden
ἐν τούτῳ ἐφανερώθη ἡ ἀγάπη τοῦ		

θεοῦ ἐν ἡμῖν, ὅτι τὸν υἱὸν αὐτοῦ τὸν μονογενῆ ἀπέσταλκεν[1] ὁ θεὸς εἰς τὸν κόσμον ἵνα ζήσωμεν δι᾽ αὐτοῦ.

1: *Perf. von* ἀποστέλλω

φανερός 3	offenbar
μονογενής, ές	einzig (erzeugt)
ἵνα + *Konj.*	dass, damit, um ... zu
μή + *Konj.*	dass nicht, damit nicht, um … nicht zu

Joh 10,10

ὁ κλέπτης οὐκ ἔρχεται εἰ μὴ ἵνα κλέψῃ καὶ θύσῃ[1] καὶ ἀπολέσῃ[2]· ἐγὼ ἦλθον[3] ἵνα ζωὴν ἔχωσιν καὶ περισσὸν ἔχωσιν.

1: θύω *hier:* schlachten * 2: er bringt um * 3: = ἠρχόμην

εἰ μή	wenn nicht, außer
θύω	opfern
ἡ θυσία	Opfer
τὸ θυσιαστήριον	Altar
περισσός 3	reichlich, überflüssig
περισσεύω	im Überfluss vorhanden sein, reich sein

Joh 13,8

λέγει αὐτῷ Πέτρος[1]· οὐ μὴ νίψῃς μου τοὺς πόδας εἰς τὸν αἰῶνα.

1: ὁ Πέτρος = Petrus

οὐ μή + *Konj. Aor./ Ind. Fut.*	nicht *(stärkste Verneinung zukünftigen Geschehens)*
νίπτω	waschen
ὁ πούς, ποδός	Fuß

Mt 16,22

οὐ μὴ ἔσται σοι τοῦτο.

Joh 8,36

ἐὰν οὖν ὁ υἱὸς ὑμᾶς ἐλευθερώσῃ,
ὄντως ἐλεύθεροι ἔσεσθε.

ὄντως	in Wahrheit, wirklich
ἐάν	wenn

1 Kor 11,14

οὐδὲ ἡ φύσις αὐτὴ διδάσκει ὑμᾶς ὅτι ἀνὴρ μὲν ἐὰν κομᾷ[1] ἀτιμία αὐτῷ ἐστιν, γυνὴ δὲ ἐὰν κομᾷ[1] δόξα αὐτῇ ἐστιν;

ἡ φύσις, εως	Natur
ὁ ἀνήρ, ἀνδρός	Mann
ἡ ἀτιμία	Schande, Unehre

1: κομᾷ = κομά-ῃ; κομάω = langes Haar tragen

1 Kor 12,17

εἰ ὅλον τὸ σῶμα ὀφθαλμός [ἦν], ποῦ ἡ ἀκοή [ἂν ἦν];

εἰ	wenn
ποῦ	wo?, wohin?
ἄν	*unübersetzt*

Fremdwortbestimmung

Deuten Sie die Fremdwörter mit Hilfe der Vokabelliste. Finden Sie dazu die jeweilige griechische Vokabel und suchen Sie nach einer passenden deutschen Übersetzung des Fremdwortes.

Trapez - Apologie - polyglott - Märtyrer

Vokabeln

ἀπολογέομαι	sich verteidigen
ἡ τράπεζα	Tisch
ὁ μάρτυς, μάρτυρος	Zeuge
ἡ μαρτυρία *und* τὸ μαρτύριον	Zeugnis
μαρτυρέω	bezeugen
ἡ γλῶσσα	Zunge, Sprache

Übungen

1. Bestimmen Sie die Konjunktive. Wandeln Sie die Formen in die jeweils anderen Genera verbi.

κελεύηται - καθεύδῃς - θύσηται - ὦμεν - λέγωσιν - βλεφθῶμεν - λύσητε - νίψωσιν - εὑρίσκω - φονεύησθε - βασιλεύσωμαι - ᾖς

2. Finden Sie in jeder Reihe den Irrläufer. Begründen Sie Ihre Entscheidung.

A λύωσιν - λυθῇ - λύονται

B λύσωμαι - λυθῶ - λύω

C λυθῆτε - ἐλύθη - λυθῶ

D λύσωμεν - λύσωσιν - λυθῆτε

E λύσῃ - λύσηται - λύσουσιν

3. Welche deutschen Sprichwörter verbergen sich jeweils hinter diesen Versen?

ἀμὴν λέγω ὑμῖν, οὐ μὴ ἀφεθῇ[1] ὧδε λίθος ἐπὶ λίθον ὃς οὐ καταλυθήσεται. (Mt 24,2)

καὶ ἔλεγεν αὐτοῖς ὁ Ἰησοῦς ὅτι οὐκ ἔστιν προφήτης ἄτιμος[2] εἰ μὴ ἐν τῇ πατρίδι[3] αὐτοῦ καὶ ἐν τοῖς συγγενεῦσιν αὐτοῦ καὶ ἐν τῇ οἰκίᾳ αὐτοῦ. (Mk 6,4)

1: 3.Sgl.; = übrigbleiben * 2: = ἄ-τιμος 2 = … * 3: ἡ πατρίς = Vaterland

W 1. Lösen Sie das Silbenrätsel. Setzen Sie die übrigen Silben zu einer griechischen Verbindung zusammen. Wie heißt sie auf Deutsch?

1. Prüfung, Versuchung - 2. befehlen - 3. Name - 4. erkennen - 5. schicken - 6. schwach, krank - 7. (Sinnes-)Art - 8. Schaf, Kleinvieh - 9. leer - 10. weissagen

ἀσ - βα - βί - βλος - γε - γι - θε - Ἰη - κε - κε - λεύω - μα - μός - νέ - νής - νός - νώ - ὄνο - πει - πέμ - πος - πρό - προ - πω - ρασ - σεως - σκω - σοῦ - τεύω - τον - τοῦ - τρό - φη - Χρισ

W 2. Ordnen Sie die Verbformen in die Tabelle ein.

λελάληκα - σχίζονται - οἰκοδομηθήσεται - ἴσχυσεν - ἐβεβασιλεύκει - ἐργάζῃ - κελεύσουσι - βλεψάμενος - ἐδίδασκες - δεδουλευκυία - ἐτελήσαμεν - ἐσῴζετο - γράψεις - ἐλύθητε

Präs.	Imperf.	Fut.	Perf.	Plus.	Aor.

W 3. Vervollständigen Sie die Formenketten.

ὁ λίθος	ἡ νεφέλη	τὸ δῶρον	ἡ θύρα	τὸ στόμα
⇨.....................	⇨.....................	⇨.....................	⇨.....................	⇨.....................
Nom. Pl.	*Gen. Pl.*	*Nom. Pl.*	*Dat. Sgl.*	*Gen. Sgl.*
⇨.....................	⇨.....................	⇨.....................	⇨.....................	⇨.....................
Akk. Sgl.	*Dat. Sgl.*	*Akk. Sgl.*	*Gen. Sgl.*	*Akk. Sgl.*
⇨.....................	⇨.....................	⇨.....................	⇨.....................	⇨.....................
Gen. Pl..	*Akk. Pl.*	*Akk. Pl.*	*Gen. Pl.*	*Gen. Pl.*
⇨.....................	⇨.....................	⇨.....................	⇨.....................	⇨.....................
Dat. Sgl.	*Nom. Pl.*	*Gen. Sgl.*	*Nom. Pl.*	*Dat. Pl.*
⇨.....................	⇨.....................	⇨.....................	⇨.....................	⇨.....................
Akk. Pl.	*Akk. Sgl.*	*Dat. Pl.*	*Akk. Sgl.*	*Nom. Pl.*

Lektion 20

Texte | **Vokabeln**

Der Fischzug des Petrus (Lk 5,4-11)

Jesus lehrte die Menge auf dem See Genezareth vom Boot aus.

4 Ὡς δὲ ἐπαύσατο λαλῶν, εἶπεν πρὸς
τὸν Σίμωνα[1]· ἐπανάγαγε[2] εἰς τὸ βάθος[3]
καὶ χαλάσατε[4] τὰ δίκτυα ὑμῶν εἰς[5]
ἄγραν[6]. 5 καὶ ἀποκριθεὶς Σίμων[1] εἶπεν·
ἐπιστάτα, δι᾽ ὅλης νυκτὸς κοπιάσαντες
οὐδὲν ἐλάβομεν· ἐπὶ δὲ τῷ ῥήματί σου
χαλάσω[4] τὰ δίκτυα. 6 καὶ τοῦτο
ποιήσαντες συνέκλεισαν[7] πλῆθος ἰχθύων
πολύ, διερρήσσετο[8] δὲ τὰ δίκτυα αὐτῶν.
7 καὶ κατένευσαν[9] τοῖς μετόχοις[10] ἐν
τῷ ἑτέρῳ πλοίῳ τοῦ ἐλθόντας
συλλαβέσθαι[11] αὐτοῖς· καὶ ἦλθον καὶ
ἔπλησαν[12] ἀμφότερα τὰ πλοῖα ὥστε
βυθίζεσθαι[13] αὐτά. 8 ἰδὼν δὲ Σίμων
Πέτρος[1] προσέπεσεν τοῖς γόνασιν[14]

παύω	aufhören lassen, *Med.:* aufhören
τὸ δίκτυον	Netz
κοπιάω	müde werden, sich plagen
τὸ ῥῆμα, ατος	Wort, Ausspruch; Sache
τὸ πλῆθος, ους	Menge
πλήρης, ες	voll(ständig)
πληρόω	(er)füllen, vollenden
τὸ πλήρωμα, ατος	Fülle, Erfüllung
ἕτερος 3	der andere
τὸ πλοῖον	Schiff

Ἰησοῦ λέγων· ἔξελθε ἀπ’ ἐμοῦ, ὅτι ἀνὴρ
ἁμαρτωλός εἰμι, κύριε. 9 θάμβος γὰρ
περιέσχεν αὐτὸν καὶ πάντας τοὺς σὺν
αὐτῷ ἐπὶ[15] τῇ ἄγρᾳ[6] τῶν ἰχθύων ὧν[16]
συνέλαβον[17], 10 ὁμοίως δὲ καὶ
Ἰάκωβον[18] καὶ Ἰωάννην[19] υἱοὺς
Ζεβεδαίου[20], οἳ ἦσαν κοινωνοὶ τῷ
Σίμωνι[1]. καὶ εἶπεν πρὸς τὸν Σίμωνα[1] ὁ
Ἰησοῦς· μὴ φοβοῦ[21]· ἀπὸ τοῦ νῦν
ἀνθρώπους ἔσῃ ζωγρῶν[22]. 11 καὶ
καταγαγόντες τὰ πλοῖα ἐπὶ τὴν γῆν
ἀφέντες[23] πάντα ἠκολούθησαν αὐτῷ.

ὥστε + AcI	daher; so dass
τὸ γόνυ, ατος	Knie
ὁ θάμβος	Staunen, Schrecken
περιέχω	erfassen, befallen
συλλαμβάνω	nehmen, ergreifen, empfangen
ὁμοίως	ebenso
φοβέομαι	sich fürchten
κατάγω	herabführen, *hier:* an Land bringen
ἡ γῆ	Erde

1: ὁ Σίμων, ωνος (Πέτρος) = Simon (Petrus) * 2: ἐπανάγω = (auf einem Gewässer) hinausfahren * 3: Tiefe * 4: χαλάω = auswerfen * 5: εἰς + *Akk.* = zu * 6 : ἡ ἄγρα = Fang, Beute * 7: συγκλείω = fangen * 8: διαρήσσομαι = zu zerreißen drohen * 9: κατανεύω = zu-, herbeiwinken * 10: ὁ μέτοχος = Gefährte * 11: συλλαμβάνομαι = helfen * 12: sie füllten an, machten voll * 13: βυθίζομαι = zu sinken drohen * 14: προσπίπτω τοῖς γόνασιν τίνος = *jmd.* zu Füßen fallen * 15: ἐπί + *Dat.* = über * 16: ὧν = οὕς * 17: συλλαμβάνω * 18: ὁ Ἰάκωβος = Jakobus * 19: ὁ Ἰωάννης = Johannes * 20: ὁ Ζεβεδαῖος = Zebedäus * 21: φοβοῦ = φοβέ-ου * 22: = ζωγρέ-ων; ζωγρέω = lebendig fangen * 23: *Part. Aor. Akt.;* verlassen, aufgeben

Fremdwortbestimmung

Deuten Sie die Fremdwörter mit Hilfe der Vokabelliste. Finden Sie dazu die jeweilige griechische Vokabel und suchen Sie nach einer passenden deutschen Übersetzung des Fremdwortes.

Polemik - Pornographie - Energie - Kosmetik - Amnestie - Panorama

Vokabeln

κοσμέω	in Ordnung bringen, schmücken
ὁ πόλεμος	Krieg
τὸ ὅραμα, ατος	das Geschaute, Gesicht
ὁράω	sehen
ἐνεργέω	(be)wirken
ἡ πορνεία	Unzucht
ἡ πόρνη	Hure
ὁ πόρνος	Hurer
μιμνῄσκομαι	sich erinnern, bedenken
τὸ μνῆμα, ατος *und* τὸ μνημεῖον	Grab
μνημονεύω	sich erinnern

Übungen

1. Bestimmen Sie die Verbformen. Geben Sie jeweils die Ausgangsvokabel an.

ἔλαβες - εἴδομεν - βαλών - ἤγαγες - ἤλθετε - ἐτέκου - παθόμενος - ἔμαθον - εὕρεσθε - ἔσχες - ἰποῦ - ἐγένετο - ἡμάρτου

2. Finden Sie mindestens 7 Wurzelaoriste und übersetzen Sie diese.

	A	B	C	D	E
1	ε	β	η	τ	ε
2	γ	ν	ο	ν	χ
3	ν	ε	β	η	α
4	ω	β	κ	β	ρ
5	ν	β	α	σ	η

3. Welches deutsche Sprichwort verbirgt sich hinter diesem Vers?

Τοῦ δὲ πλήθους τῶν πιστευσάντων ἦν καρδία καὶ ψυχὴ μία … (Apg 9,18)

W 1. Übersetzen Sie die Verbformen ins Deutsche.

ὑγιαίνουσιν (2) - ἠργάζετο - σπουδάσων - δεδούλευκεν - κελεύῃ (3) - ἐξεβαλλόμην - πέμψετε - ἄγεσθαι - ἀκουομένοις - ἤμεθα - λέλυμαι - ὄντι - ἐπεπιστεύκειμεν - ἐκάθευδον (2) - θυέτω

W 2. Bestimmen Sie die Formen und geben Sie jeweils die Grundform an.

ἡμέραι - ὄρους - περιστερᾷ - πάν - καθαροί - λιμοῦ - νυκτί - βασιλεῖ - λῃσταί - δάκρυα - ἀσθένειαν - νέῳ - τυφλῶν - πνεύματι - πονηρᾷ - ἐλπίδος - ἄρχουσιν - εὐθύ

W 3. Vervollständigen Sie die Sätze, indem Sie jeweils eine Lücken mit einer adverbialen Bestimmung füllen. Achten Sie auf inhaltlich sinnvolle Sätze. Übersetzen Sie diese anschließend ins Deutsche.

Ἡ μήτηρ τὸ τέκνον τὸ ἀγαπητὸν ... ἀπέστελλεν. Οἱ πιστοὶ φίλοι ... ἐργάζονται. Θέλομεν οἰκοδομεῖν τὸν ἱερὸν ... . Ὁ οὐδεὶς ἄνθρωπος ... οὐδαμῶς εἶναι δύναται. ... οἱ ποιμένες τὰ πρόβατα ποιμαίνουσιν. Οἱ μακάριοι ἀπόστολοι ... εἰσπορεύονται, ὅτι ... ἀστέρα βεβλέφασιν. Τῶν πονηρῶν κλεπτῶν εἰσελθόντων ὁ οἰκοδεσπότης τὸν δοῦλον αὐτοῦ ταχέως ... ἐπέμψεν.

ἐν τῇ αὐλῇ - ἐν τῷ οὐρανῷ - μετὰ τὸν ἔργον - πρὸς τῇ ἄλλῃ κώμῃ - ἐκ τοῦ οἴκου - σὺν δούλοις - χωρὶς τῆς ἀγάπῃς - εἰς τὴν πόλιν

Stammformen mit starken Aoristen

ἁμαρτάνω	ἁμαρτήσω	ἥμαρτον	ἡμάρτηκα
sündigen		ἡμαρτήθην	ἡμάρτημαι
ἄγω	ἄξω	ἤγαγον	ἦχα
führen, treiben, bringen		ἤχθην	ἦγμαι
εὑρίσκω	εὑρήσω	εὗρον	εὕρηκα
finden		εὑρέθην	εὕρημαι

ἔχω	ἕξω	ἔσχον	ἔσχηκα
haben, halten; *Imperf.:* εἶχον			ἔσχημαι

βάλλω	βαλῶ	ἔβαλον	βέβληκα
werfen		ἐβλήθην	βέβλημαι

γί(γ)νομαι	γενήσομαι	ἐγενόμην	γέγονα
werden, geschehen		ἐγενήθην	γεγένημαι

ἔρχομαι	ἐλεύσομαι	ἦλθον	ἐλήλυθα
kommen			

λαμβάνω	λήμψομαι	ἔλαβον	εἴληφα
nehmen		ἐλήμφθην	εἴλημμαι

λέγω	ἐρῶ	εἶπον	εἴρηκα
sagen		ἐρρέθην	εἴρημαι

μανθάνω	μαθήσομαι	ἔμαθον	μεμάθηκα
lernen			
ὁράω	ὄψομαι	εἶδον	ἑώρακα
sehen		ὤφθην	ἑώραμαι
πάσχω	πείσομαι	ἔπαθον	πέπονθα
(er)leiden			
τίκτω	τέξομαι	ἔτεκον	τέτοκα
hervorbringen, gebären			

Lektion 21

Texte

Jesus und die Ehebrecherin (Joh 8,2-11)

2 Ὄρθρου[1] δὲ πάλιν παρεγένετο εἰς τὸ
ἱερὸν καὶ πᾶς ὁ λαὸς ἤρχετο πρὸς
αὐτόν, καὶ καθίσας ἐδίδασκεν αὐτούς. 3
Ἄγουσιν δὲ οἱ γραμματεῖς καὶ οἱ
Φαρισαῖοι[2] γυναῖκα ἐπὶ μοιχείᾳ
κατειλημμένην καὶ στήσαντες[3] αὐτὴν ἐν
μέσῳ 4 λέγουσιν αὐτῷ· διδάσκαλε, αὕτη
ἡ γυνὴ κατείληπται ἐπ' αὐτοφώρῳ
μοιχευομένη· 5 ἐν δὲ τῷ νόμῳ ἡμῖν [ὁ]
Μωϋσῆς[4] ἐνετείλατο[5] τὰς τοιαύτας
λιθάζειν. σὺ οὖν τί λέγεις; 6 τοῦτο δὲ
ἔλεγον πειράζοντες αὐτόν, ἵνα ἔχωσιν
κατηγορεῖν αὐτοῦ. ὁ δὲ Ἰησοῦς κάτω
κύψας τῷ δακτύλῳ κατέγραφεν εἰς τὴν
γῆν. 7 ὡς δὲ ἐπέμενον ἐρωτῶντες

Vokabeln

καθίζω	sich setzen, sitzen
ὁ γραμματεύς, έως	Schriftgelehrter
τὸ γράμμα, ατος	Buchstabe, Brief, *Pl.:* Schriften
ἡ μοιχεία	Ehebruch
μέσος 3	mitten
μοιχεύω	Ehebruch begehen
λιθάζω	steinigen
κατηγορέω + *Gen.*	klagen
κύπτω	sich bücken
τὸ δάκτυλον	Finger
ἐρωτάω	fragen

αὐτόν, ἀνέκυψεν καὶ εἶπεν αὐτοῖς· ὁ
ἀναμάρτητος ὑμῶν πρῶτος ἐπ' αὐτὴν
βαλέτω λίθον. 8 καὶ πάλιν κατακύψας
ἔγραφεν εἰς τὴν γῆν. 9 οἱ δὲ
ἀκούσαντες ἐξήρχοντο εἷς καθ' εἷς[6]
ἀρξάμενοι ἀπὸ τῶν πρεσβυτέρων καὶ
κατελείφθη μόνος καὶ ἡ γυνὴ ἐν μέσῳ
οὖσα. 10 ἀνακύψας δὲ ὁ Ἰησοῦς εἶπεν
αὐτῇ· γύναι, ποῦ εἰσιν; οὐδείς σε
κατέκρινεν; 11 ἡ δὲ εἶπεν· οὐδείς,
κύριε. εἶπεν δὲ ὁ Ἰησοῦς· οὐδὲ ἐγώ σε
κατακρίνω· πορεύου, [καὶ] ἀπὸ τοῦ νῦν
μηκέτι ἁμάρτανε.

ἄρχω	herrschen, *Med.:* beginnen
ὁ πρεσβύτερος	der Älteste *(Mitglied des Ältestenrates)*
καταλείπω	ver-, zurücklassen
λείπω	lassen
κατακρίνω	verurteilen

1: am frühen Morgen * 2: ὁ **Φαρισαῖος** = Pharisäer * 3: *Aor. Part. Akt.*; stellen * 4: ὁ **Μωυσῆς** = Mose * 5: *Aor. zu* **ἐντέλλομαι** * 6: εἷς καθ' εἷς = einer nach dem anderen

Fremdwortbestimmung

Deuten Sie die Fremdwörter mit Hilfe der Vokabelliste. Finden Sie dazu die jeweilige griechische Vokabel und suchen Sie nach einer passenden deutschen Übersetzung des Fremdwortes.

Vokabeln

Antipathie - Leukämie - Eucharistie - Paläographie - Monopol - Pseudonym - Eulogie

ἀντί + *Gen.*	an Stelle von, für
ἡ εὐχαριστία	Danksagung, Dankbarkeit
εὐχαριστέω	dankbar sein, Dank sagen
πωλέω	verkaufen
παλαιός 3	alt
ἡ εὐλογία	Lob, Preis
εὐλογέω	preisen, Dank sagen, segnen, Gutes wünschen
λευκός 3	weiß
τὸ αἷμα, ατος	Blut
τὸ ψεῦδος, ους	Lüge

ψεύδομαι	lügen
ὁ ψεύστης	Lügner
ὁ ψευδοπροφήτης	Lügenprophet

Übungen

1. Bestimmen Sie die Formen.

θύσῃς - ἐκελεύσθην - ἤκουσεν - ἐλελύκεισαν - δεδουλευκυῖα - πιστευθέντι (2) - βασιλεύσομεν - τεθεραπεύκαμεν - φονευθήσεται - περισσεύω (2) - ἐπαύετο - μνημόνευε - μοιχεύοντες - πορεύεσθαι - ἴσχυες

2. Vervollständigen Sie die Tabelle.

Präs.	Imperf.	Fut.	Perf.	Plus.	Aor.
λύουσιν					
		πιστευθήσομαι			
					ἐθεράπευσεν

3. Finden Sie in jeder Reihe einen Irrläufer. Begründen Sie Ihre Entscheidung.

A βασιλεύσων - ὑπακουσομένη - θυθέν

B ἐφόνευσεν - ἐθεράπευον - ἔλυες

C πιστεύεται - θύω - βασιλεύῃ

D λύομαι - πορεύομαι - ῥύομαι

E θεραπεύεις - λύσῃ - ἐβασίλευες

4. Übersetzen Sie die Formenpaare. Achten Sie genau auf die Einzelformen.

A λύων - λῦον

B ἀκούετε - ἠκούετε

C φονεύουσιν - φονεύσουσιν

D θύομαι - τεθύμαι

E ἐμνημόνευσεν - ἐμνημόνευεν

5. Jede Form ist grammatikalisch doppeldeutig. Bestimmen Sie die Formen.

πιστεύουσιν - θεραπεύω - βασιλεύετε - ἐφόνευον - λελυκυίας

6. Übersetzen Sie die Sätze ins Deutsche.

Röm 3,3-4

εἰ ἠπίστησάν τινες, μὴ ἡ ἀπιστία αὐτῶν τὴν πίστιν τοῦ θεοῦ καταργήσει; μὴ γένοιτο·

1 Kor 1,3

χάρις [εἴη] ὑμῖν καὶ εἰρήνη ἀπὸ θεοῦ πατρὸς ἡμῶν καὶ κυρίου Ἰησοῦ Χριστοῦ.

7. Welches deutsche Sprichwort verbirgt sich hinter diesem Vers?

ὁ πιστεύσας καὶ βαπτισθεὶς σωθήσεται, ὁ δὲ ἀπιστήσας[1] κατακριθήσεται[2].

(Mk 16,16)

1: ἀ-πιστέω = … * 2: κατακρίνω

W 1. Suchen Sie alle Wörter, die Körperteile benennen. Die Anfangsbuchstaben der verbleibenden Wörter (bei Substantiven ohne Artikel) ergeben eine Wortgruppe. Übersetzen Sie diese ins Deutsche.

τὸ ἔθνος - ὑμέτερος - τὸ στόμα - τὸ ῥῆμα - ἴδιος - τὸ σῶμα - ὁ σωτήρ - κρύπτω - ἡ κεφαλή - τὸ ἔργον - ὁ ὀφθαλμός - ἡ χείρ - οὖν - λαμβάνω - ἴδε - οἱ γονεῖς - τὸ γόνυ - ἤδη - ἡ νεφέλη - τὸ πρόσωπον - πρῶτος - εἶμι - ἡ καρδία - ὁ τρόπος - ῥύομαι - ἀναβαίνω - ἡ γλῶσσα - ναί - ἡ ἀκοή - ὁ πούς

W 2. Finden Sie in dem Suchrätsel mindestens 16 Nomen. Übersetzen Sie diese ins Deutsche.

	1	2	3	4	5	6	7	8	9	10
A	π	ο	λ	ε	μ	ο	ι	ς	κ	β
B	λ	ο	γ	ο	υ	ς	ο	ι	δ	ι
C	η	τ	δ	φ	θ	υ	ρ	α	ι	ς
D	θ	α	δ	ι	κ	ῳ	τ	θ	ω	α
E	ο	χ	θ	λ	β	α	η	λ	ρ	ζ
F	υ	ε	β	ᾳ	μ	σ	α	β	α	ε
G	ς	ι	κ	ρ	α	ν	ε	ω	ν	π
H	β	α	ε	υ	κ	ρ	υ	π	τ	α
I	α	π	ρ	κ	α	κ	α	ι	ς	ρ
J	σ	ῳ	λ	κ	β	α	ν	κ	ε	τ

W 3. Geben Sie zu den Verben jeweils die 1. Stammform (1. Sgl. Ind. Präs.) an. Übersetzen Sie diese.

ἔσχον - λήμψομαι - ἤχθην - βέβλημαι - εἶδον - εἴρηκα - ἔτεκον - ὄψομαι - εἴρημαι - ἦλθον - βαλῶ - εὕρηκα - γέγονα - εἶπον - ὤφθην - μαθήσομαι - ἐρρέθην

W 4. Bestimmen Sie die Pronomen. Geben Sie auch die Art der Pronomen an.

σοῦ - ταῦτα - ὧν - τίς - ἡμῖν - σή - τούτοις - ᾗτινι - με - αὐτόν - οἷς - τινός - ᾧ - ἡμετέροις - οὕστινας - αὗται - ὑμᾶς - τίνες - ἡμεῖς - ὅ - τούτου - ἅ - ἐμόν - οὗτινος

W 5. Übersetzen Sie die Wörter ins Deutsche.

ἤ - ἀλλά - μή - ὧδε - γάρ - εἰ - καί - οὐχ - νῦν - ἕως - πῶς - ναί - οὔτε - ἄρτι - δέ - οὕτως - μηδέ - ἕν - ἐν - ἦν - εἷς - εἰς - ἔτι - οὐ - πάντοτε - τε - οὖν - οὐκέτι - οὐδέ

Stammformen

ἀκούω	ἀκούσω	ἤκουσα	ἀκήκοα
hören		ἠκούσθην	ἤκουσμαι

λείπω	λείψω	ἔλιπον	λέλοιπα
lassen		ἐλείφθην	λέλειμμαι

ἀποθνῄσκω	ἀποθανοῦμαι	ἀπέθανον	τέθνηκα
sterben			

Lektion 22

Texte

Die Bekehrung des Saulus (Apg 9,3-9)

3 Ἐν δὲ τῷ πορεύεσθαι [αὐτὸν] ἐγένετο
αὐτὸν ἐγγίζειν τῇ Δαμασκῷ[1], ἐξαίφνης
τε αὐτὸν περιήστραψεν φῶς ἐκ τοῦ
οὐρανοῦ 4 καὶ πεσὼν ἐπὶ τὴν γῆν
ἤκουσεν φωνὴν λέγουσαν αὐτῷ· Σαοὺλ[2]
Σαούλ[2], τί με διώκεις; 5 εἶπεν δέ· τίς
εἶ, κύριε; ὁ δέ· ἐγώ εἰμι Ἰησοῦς ὃν σὺ
διώκεις· 6 ἀλλὰ ἀνάστηθι[3] καὶ εἴσελθε
εἰς τὴν πόλιν καὶ λαληθήσεταί σοι ὅ
τί σε δεῖ ποιεῖν. 7 οἱ δὲ ἄνδρες οἱ
συνοδεύοντες αὐτῷ εἱστήκεισαν ἐνεοί[4],
ἀκούοντες μὲν τῆς φωνῆς μηδένα δὲ
θεωροῦντες. 8 ἠγέρθη δὲ Σαῦλος[2] ἀπὸ
τῆς γῆς, ἀνεῳγμένων δὲ τῶν ὀφθαλμῶν
αὐτοῦ οὐδὲν ἔβλεπεν· χειραγωγοῦντες
δὲ αὐτὸν εἰσήγαγον εἰς Δαμασκόν[1]. 9

Vokabeln

ἐγγίζω	sich nähern
ἐγγύς	nahe *(Adv.)*
ἐξαίφνης	plötzlich
πίπτω *st. Aor.* ἔπεσον	fallen
διώκω	verfolgen
θεωρέω	zu-, ansehen
ἐγείρω	auf-, erwecken; *Pass.:* wach werden, auferstehen

καὶ ἦν ἡμέρας τρεῖς[5] μὴ βλέπων καὶ οὐκ ἔφαγεν οὐδὲ ἔπιεν.

ἐσθίω *st. Aor.* ἔφαγον	essen
πίνω *st. Aor.* ἔπιον	trinken

1: ἡ Δαμασκός = Damaskus * 2: *Vokativ von* Σαῦλος = Saul * 3: *Imperat. Aor. Sgl. zu* aufstehen * 4: είστήκεισαν ἐνεοί = sie standen sprachlos da * 5: drei

Fremdwortbestimmung

Deuten Sie die Fremdwörter mit Hilfe der Vokabelliste. Finden Sie dazu die jeweilige griechische Vokabel und suchen Sie nach einer passenden deutschen Übersetzung des Fremdwortes.

Zelot - Chrysographie - Aquaplaning - Agnostizismus - Theater - Plutokratie

Vokabeln

ἀγνοέω	nicht kennen, nicht verstehen
νοέω	erkennen, verstehen, bedenken
ὁ νοῦς *Gen.:* νοός, *Dat. :* νοί, *Akk. :* νοῦν	Verstand, Vernunft, Gesinnung, Meinung
μετανοέω	Sinn ändern, sich bekehren

ἡ μετάνοια	Sinnesänderung, Reue
κρατέω	festnehmen, fassen, halten
τὸ κράτος, ους	Kraft, Stärke
ὁ παντοκράτωρ, ορος	………………..
πλανάω	in die Irre führen, betrügen
ἡ πλάνη	Irrtum, Täuschung
ζηλόω	sich eifrig bemühen, eifersüchtig sein
ὁ ζῆλος	Eifer(sucht)
θεάομαι	betrachten, sehen
χρυσοῦς 3	golden
ὁ πλοῦτος	Reichtum
πλούσιος 3	reich
πλουτέω	reich sein

Übungen

1. Kontrahieren Sie die Formen.

μετανοέ-εις, πλουτέ-ουσιν, ἐθεωρέ-ετο, ἀγνοέ-ομαι, ἠδικέ-ομεν, κρατέ-ῃ, ἐποιέ-ου, ἀγαπά-εις, ἐσίγα-ες, τιμά-ῃ, ἐπλάνα-ον, κοπιά-ειν, ἐρωτά-ομεν, ἐνικά-οντο, ἐφανέρο-ον, ζηλό-εις, ἐλευθερό-ῃ, πληρο-όμεθα, κολοβό-ουσιν, δικαιό-εται, κακό-ητε

2. Übersetzen Sie die Verbformen ins Deutsche.

πλανᾶται (2) - λαλοῦμεν - κοπιῶμεν (2) - ὁρᾶν - ὡμολόγει - ζηλοῦσιν (2) - τιμῶν - νοῶμαι - ἐτελεύτας - μετανοῶ (2) - σιγωμένη - ὑψῶ (2) - φωνοῦσα - ἀγαπῶ (2)

3. Setzen Sie die in Klammern stehenden Adjektive und Substantive in die Verbindungen ein. Achten Sie auf die KNG-Kongruenz bzw. auf den Kasus der einzusetzenden Satzglieder.

.... (ἡ γῆ) ἐν χειρὶ ἔχειν * τοὺς καρποὺς .... (ἡ γῆ) λαμβάνειν * .... (ὁ νοῦς) τοῦ ἡγεμόνος κατακρίνειν * τὴν σελήνην .... (χρυσοῦς) καὶ τὸν ἥλιον .... (χρυσοῦς) βλέπειν * τὰ ποτήρια .... (χρυσοῦς) δέχεσθαι * τὸ φῶς τοῦ λύχνου ....(χρυσοῦς)

4. Welches deutsche Sprichwort verbirgt sich hinter diesem Vers?

σοῦ δὲ ποιοῦντος ἐλεημοσύνην μὴ γνώτω[1] ἡ ἀριστερά σου τί ποιεῖ ἡ δεξιά σου (Mt 6,3)

1: *Imperat. W-Aor. von* γινώσκω

5. Lösen Sie das Silbenrätsel (Substantive mit Artikeln). Fügen Sie die verbleibenden Silben zu einer Verbindung zusammen. Übersetzen Sie diese anschließend ins Deutsche.

1. Kraft, Stärke * 2. Sinnesänderung, Reue * 3. Irrtum, Täuschung * 4. Eifer(-sucht) * 5: plötzlich * 6: sich nähern * 7: verfolgen * 8: nahe * 9: nicht kennen, nicht verstehen * 10: essen * 11: Allherrscher, Allmächtiger

ἀγ - αίφ - γί - γύς - διώ - ἐγ - ἐγ - ἐξ - ἐσ - έω - ζῆ - ζω - ἡ - ἡ - ἤλι - θεω - θίω - κρά - κρά - κω - λος - με - νη - νης - νο - νοια - ὁ - ὁ - ον - σοῦν - παν - πλά - ρέω - τά - τὸ - το - τος - τωρ - χρυ

W 1. Ordnen Sie die Wörter in die Tabelle ein.

κενός - κακῶς - ἀπό - πάντοτε - ἤδη - χαρά - τοῦτο - ἐπί - σύ - τιμή - ὥρα - χωρίς - οὕς - ὑγιής - τέλος - πρός - ἡμέτερος

Präposition	Pronomen	Adjektiv	Substantiv	Adverb

W 2. Geben Sie zu den Substantiven jeweils das Geschlecht und den Genitiv an.

θέλημα - εὐλογία - ἱερεύς - κοινωνός - κεφαλή - ἰχθύς - μήτηρ - νόσος - δόξα - πλοῖον - σπέρμα - φῶς - σωτήρ - ὄρος - μαθητής - λιμός - κρίσις - ἔρις - σάρξ - ἔθνος

W 3. Stellen Sie aus den Satzbausteinen 5 grammatikalisch und inhaltlich sinnvolle Sätze zusammen. Die Sätze sollen jeweils aus einem Subjekt, einem Prädikat, einer adverbialen Bestimmung und eventuell einem Objekt bestehen.

ἡ ἀρχαία σελήνη - ὁ σαλπίζων ποιμήν - οἱ φίλοι μαθηταί - ὁ παρερχόμενος ἀνήρ - ὁ σοφὸς διδάσκαλος - ἐγώ - οἱ γονεῖς - ὁ κλέπτης

ἐκάθιζεν - οὐκ βλέπει - βάλλει - γράψουσιν - ὁρῶ - ἤκουσαν - ἀναγινώσκει

μακαρίως - ἐν οὐρανῷ - πρὸς τοῖς προβάτοις - νῦν - ἐν μεγάλῳ βιβλίῳ - ἐν τῷ ἱερῷ - πρὸ ἐμοῦ - εὐθύς - πρωί - ἐν τῇ πόλει

τὸν καλὸν ἥλιον - τὸν λίθον - τὸν ἀγαθὸν φίλον - τὰ ξένα γράμματα

Stammformen der Verba contracta

λαλέω	λαλήσω	ἐλάλησα	λελάληκα
reden, sagen, predigen		ἐλαλήθην	λελάλημαι

νικάω	νικήσω	ἐνίκησα	νενίκηκα
(be)siegen		ἐνικήθην	νενίκημαι

τελειόω	τελειώσω	ἐτελείωσα	τετελείωκα
vollenden		ἐτελειώθην	τετελείωμαι

Lektion 23

Texte

Vokabeln

Die Berufung des Paulus zum Apostel (Gal 1,11-17)

11 Γνωρίζω γὰρ ὑμῖν, ἀδελφοί, [ὅτι]
τὸ εὐαγγέλιον τὸ εὐαγγελισθὲν ὑπ'
ἐμοῦ … οὐκ ἔστιν κατὰ ἄνθρωπον· 12
οὐδὲ γὰρ ἐγὼ παρὰ ἀνθρώπου
παρέλαβον αὐτὸ οὔτε ἐδιδάχθην ἀλλὰ
δι' ἀποκαλύψεως Ἰησοῦ Χριστοῦ. 13
Ἠκούσατε γὰρ τὴν ἐμὴν ἀναστροφήν
ποτε ἐν τῷ Ἰουδαϊσμῷ[1], ὅτι καθ'
ὑπερβολὴν ἐδίωκον τὴν ἐκκλησίαν τοῦ
θεοῦ καὶ ἐπόρθουν αὐτήν, 14 καὶ
προέκοπτον ἐν τῷ Ἰουδαϊσμῷ[1] ὑπὲρ[2]
πολλοὺς συνηλικιώτας ἐν τῷ γένει μου,
περισσοτέρως ζηλωτὴς ὑπάρχων τῶν
πατρικῶν μου παραδόσεων. 15 Ὅτε δὲ
εὐδόκησεν [ὁ θεὸς] ὁ ἀφορίσας με ἐκ

γνωρίζω	offenbaren, kundmachen
ἡ γνῶσις, εως	Erkenntnis
γνωστός 3	bekannt
ἡ ἀναστροφή	Lebensart, Wandel
ποτέ *(enkl.)*	einst, jemals
πότε	wann?
οὐδέποτε *und* μηδέποτε	niemals
ἡ ὑπερβολή	Übermaß
περισσοτέρως	mehr, sehr
ὑπάρχω	(da) sein
πατρικός 3	väterlich

κοιλίας μητρός μου καὶ καλέσας διὰ
τῆς χάριτος αὐτοῦ 16 ἀποκαλύψαι τὸν
υἱὸν αὐτοῦ ἐν ἐμοί, ἵνα εὐαγγελίζωμαι
αὐτὸν ἐν τοῖς ἔθνεσιν, εὐθέως οὐ
προσανεθέμην[3] σαρκὶ καὶ αἵματι 17
οὐδὲ ἀνῆλθον εἰς Ἱεροσόλυμα[4] πρὸς
τοὺς πρὸ ἐμοῦ ἀποστόλους, ἀλλὰ
ἀπῆλθον εἰς Ἀραβίαν[5] καὶ πάλιν
ὑπέστρεψα εἰς Δαμασκόν[6].

ἡ παράδοσις, εως	Überlieferung, Lehre
εὐδοκέω	Gefallen haben, mögen
δοκέω	meinen, scheinen
ἡ κοιλία	Bauch, Mutterleib

1: ὁ Ἰουδαισμός = Judentum * 2: ὑπέρ + *Akk.* = was angeht * 3: *Aor. Med. zu* sich beraten mit, sich wenden an * 4: τὰ / ἡ Ἱεροσόλυμα = Jerusalem * 5: ἡ Ἀραβία = Arabien * 6: ἡ Δαμασκός = Damaskus

Fremdwortbestimmung

Deuten Sie die Fremdwörter mit Hilfe der Vokabelliste. Finden Sie dazu die jeweilige griechische Vokabel und suchen Sie nach einer passenden deutschen Übersetzung des Fremdwortes.

Epitaph - pragmatisch - Nymphe - Blasphemie - Hippopotamos - Ökumene - Epistel

Vokabeln

ὁ ποταμός	Fluss
θάπτω	begraben
ἡ οἰκουμένη	bewohnte Erde
κατοικέω	(be)wohnen
τὸ πρᾶγμα, ατος	Tat, Handlung, Sache
πράσσω	tun, betreiben
ἡ νύμφη	Braut
ἡ βλασφημία	Schmährede, Lästerwort
βλασφημέω	lästern, verleumden
ἡ ἐπιστολή	Brief
ὁ ἵππος	Pferd

Übungen

1. Bestimmen Sie die Formen. Geben Sie jeweils die griechische Ausgangsform an.

πράξει - ἐβλέφθην - πεφύλαχα - ἡγιασμένοι - θάψαι (2) - ἦγεν - σπουδάσω - ἀνοίξαντες - ἐπιστρέψατε - ἀρξάμενος - σέσωκεν - πέπεισται

2. Bilden Sie sinnvolle Wortgruppen, indem Sie jeweils ein Verb mit einem Substantiv verbinden. Übersetzen Sie die entstandenen Wortgruppen ins Deutsche.

πράσσω	ξένους λαούς
ἐδίωκον	τὰ ἀγαθὰ πράγματα
θάπτουσιν	τὸν οἶκον τὸν καλόν
ἔβλεψαν	τὴν παράδοσιν ἀρχαῖαν
διδάξουσιν	τὰ νεκρὰ πρόβατα

3. Welche deutschen Sprichwörter verbergen sich hinter diesen Versen?

Καὶ εἶδον ἐπὶ τὴν δεξιὰν τοῦ καθημένου ἐπὶ τοῦ θρόνου βιβλίον γεγραμμένον ἔσωθεν[1] καὶ ὄπισθεν[2] κατεσφραγισμένον σφραγῖσιν ἑπτά (Offb 5,1)

1: innen * 2 hinten

ἰδὼν δὲ ὁ Πιλᾶτος ὅτι οὐδὲν ὠφελεῖ ἀλλὰ μᾶλλον θόρυβος γίνεται, λαβὼν ὕδωρ ἀπενίψατο τὰς χεῖρας ἀπέναντι[1] τοῦ ὄχλου λέγων· ἀθῷός[2] εἰμι ἀπὸ τοῦ αἵματος τούτου· ὑμεῖς ὄψεσθε. (Mt 27,24)

1: ἀπέναντι + *Gen.* = vor * 2 ἀθῷος ἀπό + *Gen.* = unschuldig an *etwas*

4. Finden Sie in dem Suchrätsel mindestens 14 griechische Vokabeln. Übersetzen Sie diese ins Deutsche.

	1	2	3	4	5	6	7	8	9	10
A	κ	α	τ	ο	ι	κ	ε	ω	β	δ
B	ο	θ	α	π	τ	ω	π	ω	λ	α
C	ι	κ	κ	π	ε	ο	ι	ζ	α	ι
D	λ	ω	γ	ρ	τ	β	σ	ι	σ	μ
E	ι	ε	υ	α	ο	ς	τ	ρ	φ	ο
F	α	κ	μ	σ	π	ο	ο	ω	η	ν
G	α	ο	ν	σ	α	π	λ	ν	μ	ι
H	ς	δ	ο	ω	λ	π	η	γ	ε	ο
I	κ	κ	ς	ξ	μ	ι	φ	μ	ω	ν
J	ο	ι	κ	ο	υ	μ	ε	ν	η	θ

W 1. Finden Sie in jeder Reihe einen Irrläufer. Begründen Sie Ihre Entscheidung.

A κρυπτός - κακῶς - ἀληθινός

B ἔρχομαι - ψεύδομαι - πιστεύομαι

C λαμβάνει - λέγομαι - λύονται

D ἤλθετε - ἐθεραπεύσατε - ἤγετε

E βλέπειν - μοιχεύουσα - μένοντι

F ἔτος - ὁδός - γένος

G ἐκκλησίαις - δράκουσι - δίκτυα

H πόλις - βιβλίον - κόσμος

W 2. Lösen Sie das Silbenrätsel. Wenn Sie die verbleibenden Silben zusammenfügen, erhalten Sie einen deutschen Lösungssatz. Übersetzen Sie diesen ins Griechische.

1. τὸ πῦρ - 2. τὸ θέλημα - 3. κενός - 4. κρυπτός - 5. ὁ σύνδουλος - 6. ἡ κοινωνία - 7. ὁ ἱερεύς - 8. ἡ πραύτης - 9. ἡ προσευχή - 10. ἐκβάλλω - 11. καθαρίζω - 12. μαρτυρέω - 13. ἀποκρίνομαι - 14. ὁ ψευδοπροφήτης - 15. ἡ νόσος - 16. ἡ ὑπομονή - 17. ὁ ἁγιασμός - 18. ἡ ἀλήθεια - 19. ἡ εἰρήνη - 20. ὁ διάβολος

Pries - ei - gen - mut - ne - skla - ver - Wil - leer - Hand - naus - fel - Wahr - Krank - wor - Frie - Ge - be - Feu - mein - ter - duld - Hei - wäscht - Lü - den - Ge - phet - heit - ant - bor - die - Mit - er - Sanft - hi - ni - an - zeu - le - gen - ve - schaft - de - Ge - bet - rei - wer - fen - gen - ten - pro - re - gen - li - heit - gung - Teu

W 3. Übersetzen Sie die Sätze ins Griechische.

Er befahl, dass alle ins Haus kommen. Man muss Schätze immer verbergen. Nachdem die Mutter das Kind gesehen hatte, rief sie den Vater. Während die Kinder am Tisch aßen, redeten die Eltern.

W 4. Übersetzen Sie die Wörter ins Deutsche.

ἀνά - ἀντί - ἀπό - γάρ - γῆ - δύο - δεῖ - ἐάν - εἰ - ἐν - ἕν - ἤ - ἤδη - ἵνα - καθώς - λύω - μία - μηδέ - μηδέν - νυνί - ὅς - οὐχ - οὖν - οὐκ - πρό - ποῦ - σύ - σός - τις - τίς - ὑπό - ὑμεῖς - φῶς - χωρίς - ὧδε - ὥστε

W 5. Kreuzen Sie die jeweils richtige Lösung an.

	A	B	C
1. Präposition mit Nomen erfüllt die Satzgliedfunktion	Subjekt	Objekt	adverbiale Bestimmung
2. In welchem Zeit-verhältnis steht das Partizip im Aorist zum Prädikat ?	Vorzeitigkeit	Gleichzeitigkeit	Nachzeitigkeit
3. Zu welcher Untergruppe der 3. Deklination gehört τὸ ἔθνος?	σ-Stamm	ι-Stamm	Dentalstamm
4. Der Gen. Sgl. zu ἡ δωρεά ist	τῆς δωρεῆς	τῆς δωρεᾶς	τῆς δωρεῶν
5. Der Artikel zu σάρξ heißt	ἡ	ὁ	τό
6. ἡμέτερος heißt	wir	unser	euer
7. Der Dativ zu ἐγώ heißt	ἐμοῦ	ἐμέ	ἐμοῖ
8. Das Perfekt Aktiv erkennt man an / am	Reduplikation+κα	Reduplikation+σα	κα

9. Der Adhortativ (Nikolaus-Konjunktiv) steht in der	3. Sgl.	1. Sgl.	1. Pl.
10. Welchen Konjunktiv gibt es im Griechischen nicht?	Aorist	Futur	Präsens

Stammformen der Verba muta

Dentalstamm

πείθω	πείσω	ἔπεισα	πέπεικα
überreden, überzeugen		ἐπείσθην	πέπεισμαι

Gutturalstamm

διώκω	διώξω	ἐδίωξα	δεδίωχα
verfolgen		ἐδιώχθην	δεδίωγμαι

Labialstamm

κρύπτω	κρύψω	ἔκρυψα	κέκρυφα
verbergen		ἐκρύφθην	κέκρυμμαι

Lektion 24

Texte

Der Fenstersturz (Apg 20,7-12)

7 Ἐν δὲ τῇ μιᾷ τῶν σαββάτων[1]
συνηγμένων ἡμῶν κλάσαι ἄρτον, ὁ
Παῦλος[2] διελέγετο αὐτοῖς μέλλων
ἐξιέναι[3] τῇ [ἡμέρᾳ] ἐπαύριον,
παρέτεινέν τε τὸν λόγον μέχρι
μεσονυκτίου. 8 ἦσαν δὲ λαμπάδες
ἱκαναὶ ἐν τῷ ὑπερῴῳ οὗ ἦμεν
συνηγμένοι. 9 καθεζόμενος δέ τις
νεανίας ὀνόματι Εὔτυχος[4] ἐπὶ[5] τῆς
θυρίδος, καταφερόμενος ὕπνῳ βαθεῖ
διαλεγομένου τοῦ Παύλου[2] ἐπὶ πλεῖον,
κατενεχθεὶς ἀπὸ τοῦ ὕπνου ἔπεσεν ἀπὸ
τοῦ τριστέγου κάτω καὶ ἤρθη νεκρός.
10 καταβὰς[6] δὲ ὁ Παῦλος[2] ἐπέπεσεν
αὐτῷ καὶ συμπεριλαβὼν εἶπεν· μὴ

Vokabeln

τὸ σάββατον	Sabbat, Woche
κλάω	brechen
διαλέγομαι	sich unterreden, reden, sprechen, predigen
μέλλω + *Inf.*	wagen, zaudern, müssen
ἐπαύριον	morgen
παρατείνω	ausdehnen
μέχρι + *Gen.*	bis
ἱκανός 3	hinreichend, geeignet
ὁ νεανίας	Jüngling
ὁ ὕπνος	Schlaf
βαθύς, εῖα, ύ	tief

θορυβεῖσθε, ἡ γὰρ ψυχὴ αὐτοῦ ἐν αὐτῷ ἐστιν. 11 ἀναβὰς[7] δὲ καὶ κλάσας τὸν ἄρτον καὶ γευσάμενος ἐφ' ἱκανόν τε ὁμιλήσας ἄχρι αὐγῆς, οὕτως ἐξῆλθεν. 12 ἤγαγον δὲ τὸν παῖδα ζῶντα καὶ παρεκλήθησαν οὐ μετρίως.

1: μία [ἡμέρα] τῶν σαββάτων = der erste Wochentag * 2: ὁ Παῦλος = Paulus * 3: abreisen *(Inf.)* * 4: ὁ Εὔτυχος = Eutychus * 5: ἐπί + *Gen.* = auf, an * 6: *Part. W-Aor. von* καταβαίνω * 7: *Part. W-Aor. von* ἀναβαίνω

αἴρω	auf-, erheben, nehmen
ἐπιπίπτω	sich werfen über
θορυβέομαι	in Unruhe geraten, sich beunruhigen
γεύομαι	kosten, schmecken
οὕτως	so, derart
ὁ παῖς, παιδός *und* τὸ παιδίον	Kind
παιδεύω	erziehen
ἡ παιδισκή	Magd

Fremdwortbestimmung

Deuten Sie die Fremdwörter mit Hilfe der Vokabelliste. Finden Sie dazu die jeweilige griechische Vokabel und suchen Sie nach einer passenden deutschen Übersetzung des Fremdwortes.

Peripherie - Melodie - Exorzismus

Vokabeln

ὁ ὅρκος	Eid
τὸ μέλος, ους	Glied

φέρω	tragen, bringen
ἀναφέρω	....
διαφέρω	....
προσφέρω	....
συμφέρω	....

Übungen

1. Vervollständigen Sie die Tabelle mit Hilfe des Wörterbuches.

Ausgangsform	Wörterbuchform (1. Sgl. Ind. Präs.)	Übersetzung der Ausgangsform
μενοῦσιν		
ἦρκασιν		
ἀπεκρίθημεν		
ἐσπείρατο		
ποιμανοῦνται		
ἠγγείλαμεν		
πέφαγκα		

2. Welches deutsche Sprichwort verbirgt sich hinter diesem Vers?

Καὶ καθὼς θέλετε ἵνα ποιῶσιν ὑμῖν οἱ ἄνθρωποι ποιεῖτε αὐτοῖς ὁμοίως.

(Mt 7,12)

W 1. Vervollständigen Sie die Formenkette.

	⇨....................	⇨....................	⇨....................	⇨....................
λύω	*1. Sgl. Ind. Fut. Akt.*	*Part. Fut. Akt. Nom. Sgl. mask.*	*Part. Aor. Akt. Nom. Sgl. mask.*	*Part. Aor. Pass. Nom. Sgl. mask.*
....................⇦	....................⇦	....................⇦	....................⇦	....................⇦
1. Sgl. Imperf. Med.-Pass.	*1. Sgl. Imperf. Akt.*	*1. Sgl. Ind. Perf. Akt..*	*1. Sgl. Ind. Perf. Med.-Pass.*	*1. Sgl. Ind. Aor. Pass.*
⇨....................	⇨....................	⇨....................	⇨....................	⇨....................
3. Pl. Imperf. Med.-Pass.	*Part. Präs. Med.-Pass. Nom. Sgl. fem.*	*Inf. Präs. Med.-Pass..*	*Inf. Fut. Med.*	*2. Sgl. Ind. Fut. Med.*
....................⇦	....................⇦	....................⇦	....................⇦	.... ⇦
2. Pl. Konj. Präs. Akt.	*2. Pl. Konj. Präs. Med.-Pass. .*	*2. Pl. Ind. Präs. Med.-Pass..*	*2. Pl. Ind. Fut. Pass.*	*2. Sgl. Ind. Fut. Pass.*
⇨....................	⇨....................	⇨....................	⇨....................	⇨....................
2. Pl. Konj. Aor. Akt.	*1. Pl. Konj. Aor. Akt.*	*1. Pl. Ind. Aor. Akt..*	*1. Pl. Ind. Plus. Akt..*	*1. Pl. Ind. Perf. Akt.*

W 2. Unterstreichen Sie die Substantive, die zur 3. Deklination gehören. Die Anfangsbuchstaben der übrigen Wörter ergeben aneinandergereiht den Titel einer neutestamentlichen Schrift. Welche ist es?

γένος - θυγάτηρ - ἀδικία - σπέρμα - παραβολή - πνεῦμα - σάλπιγξ - οἰκοδεσπότης - κώμη - ὄρος - σῶμα - ἄγγελος - νύξ - λύχνος - φύσις - ὕδωρ - ὕπνος - ὅραμα - ψεύστης - ὄνομα - ἱμάτιον - σωτήρ - σωτηρία - πάθος - ἱερόν - πρᾶγμα - πραΰτης - ὥρα - ἀγαθός - μνῆμα - νεφέλη - κτίσις - νοῦς - καύχημα - κρίσις - ὅρια - ἡγεμών - ἱερεύς - ὑποκριτής - πόλις

W 3. Ordnen Sie die Adjektive in die Tabelle ein.

βελτίων - ὕψιστος - ὑγιής - μέγιστος - πολύς - ἰσχυρότερος - κακός - κάλλιον - ἀσθενέστατος - τελεία - κράτιστος - σοφώτερος

Positiv	Komparativ	Superlativ / Elativ

W 4. Übersetzen Sie die Wörter. Achten Sie dabei genau auf die einzelnen Formen.

ἦν - ἣν, ἐν - ἕν, εἰς - εἷς, ὤν - ὧν, ὄν - ὅν, οὖν - οὐκ, ἔχω - ἔξω, μή - μέν, οὗς - οὕς, οὔτε - οὐδέν, οὐσία - οὖσα

W 5. In die Stammformreihen haben sich Fehler eingeschlichen. Finden und korrigieren Sie diese.

ἀκούω	ἀκούσω	ἤκουσα	κακήκοα
hören		ἠκούσθην	κακήκουσμαι

ὁράω	ὁράσω	εἶπον	ἑώρακα
sehen		ὤψην	ἑώραμαι

λύω	λύσω	ἔλυσα	λέλυχα
lösen		ἐλύθην	λέλυμαι

Stammformen der Verba liquida

ἀγγέλλω	ἀγγελῶ	ἤγγειλα	ἤγγελκα
melden, berichten, verkünden		ἠγγέλην	ἤγγελμαι

Stammformen mit starken Aoristen

φέρω	οἴσω	ἤνεγκον	ἐνήνοχα
tragen, bringen		ἠνέχθην	ἐνήνεγμαι

πίπτω	πεσοῦμαι	ἔπεσον	πέπτωκα
fallen			

Lektion 25

Texte

Die bösen Weingärtner (Mk 12,1-9)

1 Καὶ ἤρξατο αὐτοῖς ἐν παραβολαῖς
λαλεῖν· ἀμπελῶνα ἄνθρωπος ἐφύτευσεν
καὶ περιέθηκεν[1] [αὐτῷ] φραγμὸν[2] καὶ
ὤρυξεν[3] ὑπολήνιον[4] καὶ ᾠκοδόμησεν
πύργον[5] καὶ ἐξέδετο[6] αὐτὸν γεωργοῖς
καὶ ἀπεδήμησεν[7]. 2 καὶ ἀπέστειλεν πρὸς
τοὺς γεωργοὺς τῷ καιρῷ δοῦλον ἵνα
παρὰ τῶν γεωργῶν λάβῃ ἀπὸ τῶν
καρπῶν τοῦ ἀμπελῶνος· 3 καὶ λαβόντες
αὐτὸν ἔδειραν καὶ ἀπέστειλαν κενόν. 4
καὶ πάλιν ἀπέστειλεν πρὸς αὐτοὺς
ἄλλον δοῦλον· κἀκεῖνον ἐκεφαλίωσαν[8]
καὶ ἠτίμασαν[9]. 5 καὶ ἄλλον
ἀπέστειλεν· κἀκεῖνον ἀπέκτειναν, καὶ
πολλοὺς ἄλλους, οὓς μὲν δέροντες, οὓς
δὲ ἀποκτέννοντες. 6 ἔτι ἕνα εἶχεν υἱὸν

Vokabeln

ὁ ἀμπελών, ῶνος	Weinberg
φυτεύω	pflanzen
δέρω	prügeln
ἀποκτείνω	töten

ἀγαπητόν· ἀπέστειλεν αὐτὸν ἔσχατον
πρὸς αὐτοὺς λέγων ὅτι ἐντραπήσονται[10]
τὸν υἱόν μου. 7 ἐκεῖνοι δὲ οἱ γεωργοὶ
πρὸς ἑαυτοὺς εἶπαν ὅτι οὗτός ἐστιν ὁ
κληρονόμος· δεῦτε ἀποκτείνωμεν αὐτόν,
καὶ ἡμῶν ἔσται ἡ κληρονομία. 8 καὶ
λαβόντες ἀπέκτειναν αὐτὸν καὶ
ἐξέβαλον αὐτὸν ἔξω τοῦ ἀμπελῶνος. 9
τί [οὖν] ποιήσει ὁ κύριος τοῦ
ἀμπελῶνος; ἐλεύσεται καὶ ἀπολέσει
τοὺς γεωργοὺς καὶ δώσει τὸν ἀμπελῶνα
ἄλλοις.

ὁ κληρονόμος	der Erbe
κληρονομέω	erben
ὁ κλῆρος	Los, Anteil, Erbteil
δεῦτε	kommt her!, wohlan!
ἡ κληρονομία	das Erbe
δίδωμι	geben

1: περιτίθημι + *Dat.* = herumziehen um * 2: ὁ φραγμός = Zaun, Mauer * 3: ὀρύσσω = graben, ausheben * 4: τὸ ὑπολήνιον = Keltertrog * 5: ὁ πύργος = Wachtturm * 6: ἐκδίδομαι = verpachten * 7: ἀποδημέω = verreisen * 8: κεφαλιόω = auf den Kopf schlagen * 9: ἀτιμάζω = beschimpfen * 10: *Fut. Pass. zu* ἐντρέπω = *Pass.: jmd.* achten

Fremdwortbestimmung

Deuten Sie die Wörter mit Hilfe der Vokabelliste. Finden Sie dazu die jeweilige griechische Vokabel und suchen Sie nach einer passenden deutschen Übersetzung des Fremdwortes.

Anastasia - Prothese - euphemistisch - deiktisch - Angelolatrie - Sphragistik

Vokabeln

δείκνυμι	zeigen
φημί	sagen
ἡ σφραγίς, ῖδος	Siegel
σφραγίζω	mit einem Siegel verschließen, sichern
ἡ ἀνάστασις, εως	Auferstehung
λατρεύω	dienen, verehren
ἡ πρόθεσις, εως	Vorsatz

Übungen

1. Bestimmen Sie die Formen durch Ankreuzen.

	Person			Num		Modus					Tempus						Genus verbi		
	1.	2.	3.	Sgl.	Pl.	Ind.	Konj.	Part.	Imperat.	Inf.	Präs.	Imperf.	Fut.	Aor.	Perf.	Plus.	Akt.	Med.	Pass.
δίδομεν																			
διδῶσιν																			
δῶσι																			
δέδωκας																			
ἐδώκατε																			
τίθεσαι																			
τιθεῖσα																			
ἐτίθετο																			
τέθεισθε																			
ἔθηκεν																			
ἵης																			
ἱέναι																			
ἕωται																			
ἧκας																			
ἱᾶσιν																			
ἕστηκεν																			
ἵστατο																			
ἱστάμενος																			
στήσετε																			
ἕστησας																			

2. Finden Sie mindestens 6 Formen von ἵστημι / ἵσταμαι. Bestimmen Sie diese.

	1	2	3	4	5	6	7
A	ι	σ	τ	α	ς	ε	κ
B	θ	ι	σ	τ	α	τ	ο
C	α	κ	η	τ	σ	ε	α
D	ν	ε	σ	η	τ	σ	ε
E	λ	α	λ	κ	β	η	κ
F	μ	ε	σ	τ	η	τ	γ
G	ν	ε	μ	α	τ	σ	ι

W 1. Geben Sie jeweils 3 stammverwandte Wörter an.

ἡ ζωή - κρίνω - ὁ μάρτυς - τὸ μνῆμα - ἡ οἰκία - παίδεύω - ψεύδομαι

W 2. Bestimmen Sie die Formen.

κλῶσιν (4) - ηὐλογήσαμεν - κατοικοῦσα - κρατοῦμαι - πλανήσεις - ζηλοῖ (2) - ἠρωτώμεθα - πλουτεῖτε (2) - φοβουμένην - ἀπελεγεῖτο - πωλεῖσθαι - φανεροῦτε (2)

W 3. Wandeln Sie die Substantive in den jeweils anderen Numerus.

ἀνήρ - μέτρου - νόσων - πράγματι - πίστιν - συνδούλους - προφήτης - φίλοι - τιμαῖς - ψεύδους - ὥρας - τραπέζᾳ - χαρά - ἔργα - ἱερέων - δράκοντι - σωτέρα - σπέρματος

W 4. Übersetzen Sie die Vokabeln ins Deutsche. Die Anfangsbuchstaben der deutschen Wörter ergeben ein Lösungswort. Wie heißt es?

1. τυφλός - 2. πλοῦτος - 3. πάντοτε - 4. ὁμοίως - 5. πίπτω - 6. ἐκεῖ - 7. πρωτότοκος - 8. ἀστήρ - 9. ἔτος - 10. στάσις - 11. πόλεμος - 12. θυσία - 13. νύμφη - 14. περιάγω - 15. σφόδρα

Stammformen der μι-Verben

δίδωμι	δώσω	ἔδωκα	δέδωκα
geben		ἐδόθην	δέδομαι

τίθημι	θήσω	ἔθηκα	τέθεικα
setzen, stellen, legen		ἐτέθην	τέθειμαι

ἵημι	ἥσω	ἧκα	εἷκα
senden		ἕθην	ἕωμαι

ἵστημι	στήσω	ἔστησα	
stellen		ἐστάθην	

ἵσταμαι	στήσομαι	ἔστην	ἕστηκα
treten			stehen

Lektion 26

Texte

Die Verleugnung des Petrus (Mk 14,66-72)

66 Καὶ ὄντος τοῦ Πέτρου[1] κάτω ἐν τῇ
αὐλῇ ἔρχεται μία τῶν παιδισκῶν τοῦ
ἀρχιερέως 67 καὶ ἰδοῦσα τὸν Πέτρον[1]
θερμαινόμενον ἐμβλέψασα αὐτῷ λέγει·
καὶ σὺ μετὰ τοῦ Ναζαρηνοῦ[2] ἦσθα τοῦ
Ἰησοῦ. 68 ὁ δὲ ἠρνήσατο λέγων· οὔτε
οἶδα οὔτε ἐπίσταμαι σὺ τί λέγεις. καὶ
ἐξῆλθεν ἔξω εἰς τὸ προαύλιον [καὶ
ἀλέκτωρ ἐφώνησεν]. 69 καὶ ἡ παιδίσκη
ἰδοῦσα αὐτὸν ἤρξατο πάλιν λέγειν τοῖς
παρεστῶσιν[3] ὅτι οὗτος ἐξ αὐτῶν ἐστιν.
70 ὁ δὲ πάλιν ἠρνεῖτο. καὶ μετὰ
μικρὸν πάλιν οἱ παρεστῶτες[3] ἔλεγον τῷ
Πέτρῳ[1]· ἀληθῶς ἐξ αὐτῶν εἶ, καὶ γὰρ
Γαλιλαῖος[4] εἶ. 71 ὁ δὲ ἤρξατο

Vokabeln

ὁ ἀρχιερεύς, εως	Hohepriester
θερμαίνομαι	sich wärmen
ἐμβλέπω	hin-, ansehen
(ἀπ)ἀρνέομαι	verleugnen
ἐπίσταμαι	wissen, verstehen, kennen
ὁ ἀλέκτωρ, ορος	Hahn
ἀληθῶς	in Wahrheit, wirklich
ἀληθής, ές	wahr, recht

ἀναθεματίζειν καὶ ὀμνύναι ὅτι οὐκ
οἶδα τὸν ἄνθρωπον τοῦτον ὃν λέγετε.
72 καὶ εὐθὺς ἐκ δευτέρου ἀλέκτωρ
ἐφώνησεν. καὶ ἀνεμνήσθη[5] ὁ Πέτρος[1] τὸ
ῥῆμα ὡς εἶπεν αὐτῷ ὁ Ἰησοῦς ὅτι πρὶν
ἀλέκτορα φωνῆσαι δὶς τρίς με
ἀπαρνήσῃ· καὶ ἐπιβαλὼν ἔκλαιεν.

1: ὁ Πέτρος = Petrus * 2 : ὁ Ναζαρηνός = Nazarener, aus Nazaret * 3: *Part. Perf. zu* παρίσταμαι * 4: Γαλιλαῖος = Galiläer, galiläisch * 5: ἀναμιμνῄσκω *im Pass.* + *Akk.* = sich erinnern an, denken an

ἀναθεματίζω	(ver)fluchen
τὸ ἀνάθεμα, ατος	Verfluchung
ὀμνύω	schwören
δεύτερος 3	der zweite
πρίν + *AcI*	bevor
δίς	zweimal
τρίς	dreimal
ἐπιβάλλω	werfen auf, sich stürzen auf
κλαίω	weinen, klagen

Fremdwortbestimmung

Deuten Sie die Fremdwörter mit Hilfe der Vokabelliste. Finden Sie dazu die jeweilige griechische Vokabel und suchen Sie nach einer passenden deutschen Übersetzung des Fremdwortes.

Vokabeln

homogen - Hapaxlegomenon - Ethik - Thalassophobie - Pylorus - paralysieren - Rhododendron

ἡ πύλη *und* ὁ πυλών, ῶνος	Tor

τὸ δένδρον	Baum
ὅμοιος 3	gleich
ὁμοιόω	gleichmachen
ὁμολογέω	zugeben, gestehen
τὸ ἔθος, ους	Sitte, Brauch
ἡ θάλασσα	Meer
ὁ παραλυτικός	der Gelähmte
ἅπαξ	einmal

Übungen

1. Lesen Sie die Aufgaben auf Griechisch laut vor und formulieren Sie die Ergebnisse auf Griechisch („ + “ = καί, „ - “ = ἔλασσον, „ = “ εἰσίν) .

6 + 4 =	50 + 40 =	100 + 500 =
3 + 2 =	10 + 20 =	900 + 100 =
7 + 1 =	30 + 10 =	300 + 200 =
5 + 3 =	60 + 40 =	400 + 400 =
2 + 6 =	20 + 30 =	600 + 200 =
8 - 2 =	30 – 20 =	900 – 500 =
9 - 6 =	50 – 40 =	800 – 200 =
5 – 2 =	90 – 20 =	400 – 300 =
7 – 4 =	100 – 50 =	600 – 200 =

2. Schreiben Sie die Aufgaben mit arabischen Ziffern. Nennen Sie die Ergebnisse der Aufgaben jeweils auf Griechisch.

πέντε καὶ τρεῖς εἰσιν
δύο καὶ ὀκτώ εἰσιν
εἷς καὶ ἐννέα εἰσίν
εἴκοσι καὶ πεντήκοντα εἰσίν
τεσσεράκοντα καὶ ἑξήκοντα εἰσίν
τριάκοντα καὶ εἴκοσι εἰσίν
διακόσιοι καὶ τετρακόσιοι εἰσίν
ὀκτακόσιοι καὶ διακόσιοι εἰσίν
τριακόσιοι καὶ ἑπτακόσιοι εἰσίν

δέκα ἔλασσον δύο εἰσίν
πέντε ἔλασσον εἷς εἰσιν
ἑπτὰ ἔλασσον τέσσαρες εἰσίν
ἑξήκοντα ἔλασσον εἴκοσι εἰσὶν
ὀγδοήκοντα ἔλασσον δέκα εἰσιν
ἑβδομήκοντα ἔλασσον τριάκοντα εἰσίν
χίλιοι ἔλασσον τριακόσιοι εἰσίν
πεντακόσιοι ἔλασσον ἑκατόν εἰσιν
πεντακόσιοι ἔλασσον τετρακόσιοι εἰσίν

3. Prägen Sie sich die Zahlwörter ein.

τρεῖς, τρία	drei
τέσσαρες, τέσσαρα	vier
πέντε	fünf
ἕξ	sechs
ἑπτά	sieben
ὀκτώ	acht
ἐννέα	neun
δέκα	zehn
ἑκατόν	100

χίλιοι, αι, α	1.000
μύριοι, αι, α	10.000

4. Welches deutsche Sprichwort verbirgt sich hinter diesem Vers?

καὶ ἄλλα ἔπεσεν εἰς τὴν γῆν τὴν καλὴν καὶ ἐδίδου καρπὸν ἀναβαίνοντα καὶ αὐξανόμενα καὶ ἔφερεν ἓν τριάκοντα καὶ ἓν ἑξήκοντα καὶ ἓν ἑκατόν. (Mk 4,8)

W 1. In die Stammformreihen haben sich Fehler eingeschlichen. Finden und korrigieren Sie diese.

(λείπω)	λείπσω	ἔλιπον	λέλοιπα
lassen		ἐλείφθην	λέλειμμαι
γί(γ)νομαι	γενήσομαι	ἐγινόμην	γέγονα
gehen		ἐγενήθην	γεγένημαι
ἔρχομαι	ἐλεύσομαι	ἠρξάμην	ἐλήλυθα
kommen			
λέγω	λέξω	εἶπον	εἴρηκα
sagen		ἐρρέθην	εἴρημαι
ὁράω	ὄψομαι	εἶδον	ὥρακα
sehen		ὤφθην	ἑώραμαι
φέρω	οἴσω	ἔφερσον	ἐνήνοχα
tragen, bringen		ἠνέχθην	ἐνήνεγμαι
δίδωμι	δώσω	ἔδωσα	δέδωκα
setzen, stellen, legen		ἐδόθην	δέδομαι

λαλέω	λαλέσω	ἐλάλεσα	λελάλεκα
reden, sagen, predigen		ἐλαλέθην	λελάλεμαι
διώκω	διώξω	ἐδίωξα	δεδίωχα
verfolgen		ἐδιώχθην	δεδίωγμαι
κρύπτω	κρύψω	ἔκρυψα	ἐκρυκα
stehlen		ἐκρύφθην	κέκρυμμαι

W 2. Ordnen Sie die Verben entsprechend ihrer Verbklassen in die Tabelle ein.

ἔθαψα - μοιχεύει - πιστεύειν - πείθετε - καθαίρουσιν - κολοβῶν - ἐξήγαγον - ἐλάλησε - θεραπευόμενος - κρινεῖς - ἤλπικα - ἐπορεύοντο - εὐχαριστοῦμεν - λελύκαμεν - κοσμήσουσιν - βλέψεις - μένω - ἀπήγγειλεν

vocalia	contracta	muta	liquida

W 3. Bestimmen Sie die Formen.

στεφάνῳ - πρόσωπα - σφόδρα - χωρίζεις - τούτῳ - ξενίζων - παρά - ἡγεμόνος - ἔξω - εἷς - ἐθεραπεύθη - εὐθέως - δίκαιον - διάβολον - ἔχω - ἐάν - ἀξίου - νεφέλην - ἤκουον - ἦλθε - νοῦς - ὄχλοι - ξύλα - ὅλων - πλοίοις - φωνοῦσιν - τότε - ὑμῶν - ψυχῆς - χωρίς - οἴσω - πέμπων - εἰς

W 4. Lösen Sie das Silbenrätsel. Fügen Sie die verbleibenden Silben zu einer Verbindung zusammen.

1. τελέω	5. ἡ νόσος	9. ὁ διάβολος
2. χωρίς	6. μαρτυρέω	10. ἐκλεκτός
3. τὸ χάρισμα	7. καθεύδω	11. ἡ εἰρήνη
4. ἡ περιστερά	8. ὁ κριτής	12. βλέπω

AUS - BE - BE - BE - BE - CHISCH - DEN - DEN - DEN - EN - ER - FAST - FEKT - FEL - FEN - FRIE - GA - GEN - GNA - GRIE - HEIT - HEN - IN - KRANK - NE - OH - PER - RICH - SCHLA - SCHON - SE - TAU - TER - TEU - WÄHLT - ZEU

W 5. In die deutsche Übersetzung haben sich Fehler eingeschlichen. Finden und verbessern Sie diese. Begründen Sie Ihre Entscheidung.

Τότε προσηνέχθησαν αὐτῷ παιδία ἵνα τὰς χεῖρας ἐπιθῇ αὐτοῖς καὶ προσεύξηται· οἱ δὲ μαθηταὶ ἐπετίμησαν αὐτοῖς. ὁ δὲ Ἰησοῦς εἶπεν· ἄφετε τὰ παιδία καὶ μὴ κωλύετε αὐτὰ ἐλθεῖν πρός με, τῶν γὰρ τοιούτων ἐστὶν ἡ βασιλεία τῶν οὐρανῶν.

Dann wurden die Kinder zu ihm (herbei-)gebracht, damit er ihnen die Hand auflegte und sie verehrte. Die Jünger aber fuhren ihn an. Jesus aber hatte gesagt: Lasst die Kinder und haltet sie nicht [davon] ab, zu mir zu kommen, weil die Herrschaft des Himmels ihnen gehört. (Mt 19,13-14)

Lektion 27

Texte *Vokabeln*

Paulus und die falschen Apostel (2 Kor 11,7-15)

... ἁμαρτίαν ἐποίησα[1] ἐμαυτὸν ταπεινῶν ἵνα ὑμεῖς ὑψωθῆτε, ὅτι δωρεὰν τὸ τοῦ θεοῦ εὐαγγέλιον εὐηγγελισάμην ὑμῖν; ἄλλας ἐκκλησίας ἐσύλησα λαβὼν ὀψώνιον πρὸς τὴν ὑμῶν διακονίαν, καὶ παρὼν πρὸς ὑμᾶς καὶ ὑστερηθεὶς οὐ κατενάρκησα[2] οὐθενός· ... Ὃ δὲ ποιῶ, καὶ ποιήσω, ἵνα ἐκκόψω τὴν ἀφορμὴν τῶν θελόντων ἀφορμήν, ἵνα ... εὑρεθῶσιν[3] καθὼς καὶ ἡμεῖς. οἱ γὰρ τοιοῦτοι ψευδαπόστολοι [εἰσίν], ἐργάται δόλιοι, μετασχηματιζόμενοι εἰς ἀποστόλους Χριστοῦ. καὶ οὐ θαῦμα [ἐστίν]· αὐτὸς γὰρ ὁ σατανᾶς μετασχηματίζεται εἰς ἄγγελον φωτός. οὐ μέγα οὖν [ἐστίν] εἰ καὶ οἱ διάκονοι αὐτοῦ μετασχηματίζονται ὡς διάκονοι δικαιοσύνης· ὧν τὸ τέλος ἔσται κατὰ τὰ ἔργα αὐτῶν.

ταπεινόω
demütigen, erniedrigen

ἐκκόπτω
ausrotten, beseitigen

τὸ θαῦμα, ατος
Wunder

1: *gemeint ist* Paulus * 2: καταναρκάω + *Gen.* = *jmd.* zur Last fallen * 3: *Aor. zu* εὑρίσκω; εὑρίσκω *im Pass.* = dastehen

27 ΠΑΣΙΝ

Briefanfang (Röm 1,1-10)

Παῦλος[1] δοῦλος Χριστοῦ Ἰησοῦ, κλητὸς ἀπόστολος ἀφωρισμένος εἰς εὐαγγέλιον θεοῦ, ὃ προεπηγγείλατο διὰ τῶν προφητῶν αὐτοῦ ἐν γραφαῖς ἁγίαις περὶ τοῦ υἱοῦ αὐτοῦ τοῦ γενομένου ἐκ σπέρματος Δαυὶδ[2] κατὰ σάρκα, τοῦ ὁρισθέντος υἱοῦ θεοῦ ἐν δυνάμει κατὰ πνεῦμα ἁγιωσύνης ἐξ ἀναστάσεως νεκρῶν, Ἰησοῦ Χριστοῦ τοῦ κυρίου ἡμῶν, δι᾽ οὗ ἐλάβομεν χάριν καὶ ἀποστολὴν εἰς ὑπακοὴν πίστεως ἐν πᾶσιν τοῖς ἔθνεσιν ὑπὲρ τοῦ ὀνόματος αὐτοῦ, ἐν οἷς ἐστε καὶ ὑμεῖς κλητοὶ Ἰησοῦ Χριστοῦ, πᾶσιν τοῖς οὖσιν ἐν Ῥώμῃ[3] ἀγαπητοῖς θεοῦ, κλητοῖς ἁγίοις, χάρις ὑμῖν καὶ εἰρήνη ἀπὸ θεοῦ πατρὸς ἡμῶν καὶ κυρίου Ἰησοῦ Χριστοῦ. Πρῶτον μὲν εὐχαριστῶ τῷ θεῷ μου διὰ Ἰησοῦ Χριστοῦ περὶ πάντων ὑμῶν ὅτι ἡ πίστις ὑμῶν καταγγέλλεται ἐν ὅλῳ τῷ κόσμῳ. μάρτυς γάρ μού ἐστιν ὁ θεός, ᾧ λατρεύω ἐν τῷ πνεύματί μου ἐν τῷ εὐαγγελίῳ τοῦ υἱοῦ αὐτοῦ, ὡς ἀδιαλείπτως μνείαν ὑμῶν ποιοῦμαι πάντοτε ἐπὶ τῶν προσευχῶν μου δεόμενος εἴ πως[4] ἤδη ποτὲ[5] εὐοδωθήσομαι ἐν τῷ θελήματι τοῦ θεοῦ ἐλθεῖν πρὸς ὑμᾶς.

ὁρίζω festsetzen, bestimmen

ἡ ἁγιωσύνη Heiligung

ἡ ἀποστολή Apostelamt

1: ὁ Παῦλος = Paulus * 2: ὁ Δαυίδ *(indekl.)* = David * 3: ἡ Ῥώμη = Rom * 4: εἴ πως = ob wohl, ob vielleicht * 5: ἤδη ποτὲ = endlich

Paulus in Athen (Apg 17,16-28)

Ἐν δὲ ταῖς Ἀθήναις[1] ἐκδεχομένου αὐτοὺς[2] τοῦ Παύλου[3] παρωξύνετο τὸ πνεῦμα αὐτοῦ ἐν αὐτῷ θεωροῦντος κατείδωλον οὖσαν τὴν πόλιν. διελέγετο μὲν οὖν ἐν τῇ συναγωγῇ τοῖς Ἰουδαίοις[4] καὶ τοῖς σεβομένοις καὶ ἐν τῇ ἀγορᾷ κατὰ πᾶσαν ἡμέραν[5] πρὸς τοὺς παρατυγχάνοντας. τινὲς δὲ καὶ τῶν Ἐπικουρείων[6] καὶ Στοϊκῶν[7] φιλοσόφων συνέβαλλον αὐτῷ, καί τινες ἔλεγον· τί ἂν θέλοι[8] ὁ σπερμολόγος οὗτος λέγειν; οἱ δέ· ξένων δαιμονίων δοκεῖ καταγγελεὺς εἶναι, ὅτι τὸν Ἰησοῦν καὶ τὴν ἀνάστασιν εὐηγγελίζετο. ἐπιλαβόμενοί τε αὐτοῦ ἐπὶ τὸν Ἄρειον πάγον[9] ἤγαγον λέγοντες· δυνάμεθα γνῶναι[10] τίς ἡ καινὴ αὕτη ἡ ὑπὸ σοῦ λαλουμένη διδαχή [ἐστιν]; ξενίζοντα γάρ τινα εἰσφέρεις εἰς τὰς ἀκοὰς ἡμῶν· βουλόμεθα οὖν γνῶναι[10] τίνα θέλει ταῦτα εἶναι[11]. Ἀθηναῖοι[12] δὲ πάντες καὶ οἱ ἐπιδημοῦντες ξένοι εἰς οὐδὲν ἕτερον ηὐκαίρουν ἢ λέγειν τι ἢ ἀκούειν τι καινότερον. Σταθεὶς[13] δὲ [ὁ] Παῦλος[3] ἐν μέσῳ τοῦ Ἀρείου πάγου[9] ἔφη· ἄνδρες Ἀθηναῖοι[12], κατὰ πάντα ὡς δεισιδαιμονεστέρους

ἡ ἀγορά
Marktplatz, Agora

ὑμᾶς θεωρῶ. διερχόμενος γὰρ καὶ ἀναθεωρῶν τὰ σεβάσματα ὑμῶν εὗρον καὶ βωμὸν ἐν ᾧ ἐπεγέγραπτο· Ἀγνώστῳ θεῷ. ὃ οὖν ἀγνοοῦντες εὐσεβεῖτε, τοῦτο ἐγὼ καταγγέλλω ὑμῖν. ὁ θεὸς ὁ ποιήσας τὸν κόσμον καὶ πάντα τὰ ἐν αὐτῷ, οὗτος οὐρανοῦ καὶ γῆς ὑπάρχων κύριος οὐκ ἐν χειροποιήτοις ναοῖς κατοικεῖ οὐδὲ ὑπὸ χειρῶν ἀνθρωπίνων θεραπεύεται προσδεόμενός τινος[14], αὐτὸς διδοὺς πᾶσι ζωὴν καὶ πνοὴν καὶ τὰ πάντα· ἐποίησέν τε ἐξ ἑνὸς πᾶν ἔθνος ἀνθρώπων κατοικεῖν ἐπὶ παντὸς προσώπου τῆς γῆς, ὁρίσας προστεταγμένους καιροὺς καὶ τὰς ὁροθεσίας τῆς κατοικίας αὐτῶν ζητεῖν τὸν θεόν, εἰ[15] ἄρα γε ψηλαφήσειαν[16] αὐτὸν καὶ εὕροιεν[17], καί γε οὐ μακρὰν ἀπὸ ἑνὸς ἑκάστου ἡμῶν ὑπάρχοντα. ἐν αὐτῷ γὰρ ζῶμεν καὶ κινούμεθα καὶ ἐσμέν, ὡς καί τινες τῶν καθ'[18] ὑμᾶς ποιητῶν εἰρήκασιν· τοῦ[19] γὰρ καὶ γένος ἐσμέν.

ὁ ναός
Tempel
ἀνθρώπινος 3
....

1: αἱ Ἀθῆναι = Athen * 2: *gemeint sind die beiden Begleiter des Paulus: Silas und Timotheus* * 3: ὁ Παῦλος = Paulus * 4: ὁ Ἰουδαῖος = Jude * 5: κατὰ πᾶσαν ἡμέραν = jeden Tag * 6: Ἐπικούρειος = Epikureer *(philosophische Schule)* * 7: Στοικός = stoisch, Stoiker *(philosophische Schule)* * 8: ἂν θέλοι = *Präs. Opt. Akt. zu* θέλω * 9: ὁ Ἄρειος πάγος = Areopag *(Hügel westlich der Akropolis, auf dem Recht gesprochen wurde)* * 10: *W-Aor. von* γινώσκω * 11: εἶναι = bedeuten * 12: ὁ Ἀθηναῖος = Athener, athenisch * 13: *Part. Aor. Pass. zu* ἵσταμαι * 14: προσδεόμενος

+ *Gen.* = als ob er etwas nötig hätte * 15: ob * 16: *Aor. Opt. Akt. zu* ψηλαφάω * 17: *Aor. Opt. Akt. zu* εὑρίσκω * 18: κατά + *Akk.* = von * 19: *poss. Gebrauch*

Weihnachtsgeschichte (Lk 2,6-14)

Ἐγένετο δὲ ἐν τῷ εἶναι αὐτοὺς ἐκεῖ ἐπλήσθησαν αἱ ἡμέραι τοῦ τεκεῖν αὐτήν, καὶ ἔτεκεν τὸν υἱὸν αὐτῆς τὸν πρωτότοκον, καὶ ἐσπαργάνωσεν αὐτὸν καὶ ἀνέκλινεν αὐτὸν ἐν φάτνῃ, διότι οὐκ ἦν αὐτοῖς τόπος ἐν τῷ καταλύματι. Καὶ ποιμένες ἦσαν ἐν τῇ χώρᾳ τῇ αὐτῇ ἀγραυλοῦντες καὶ φυλάσσοντες φυλακὰς τῆς νυκτὸς ἐπὶ τὴν ποίμνην αὐτῶν. καὶ ἄγγελος κυρίου ἐπέστη αὐτοῖς καὶ δόξα κυρίου περιέλαμψεν αὐτούς, καὶ ἐφοβήθησαν φόβον μέγαν. καὶ εἶπεν αὐτοῖς ὁ ἄγγελος· μὴ φοβεῖσθε, ἰδοὺ γὰρ εὐαγγελίζομαι ὑμῖν χαρὰν μεγάλην ἥτις ἔσται παντὶ τῷ λαῷ, ὅτι ἐτέχθη ὑμῖν σήμερον σωτὴρ ὅς ἐστιν χριστὸς κύριος ἐν πόλει Δαυίδ[1]. καὶ τοῦτο ὑμῖν τὸ σημεῖον, εὑρήσετε βρέφος ἐσπαργανωμένον καὶ κείμενον ἐν φάτνῃ. καὶ ἐξαίφνης ἐγένετο σὺν τῷ ἀγγέλῳ πλῆθος στρατιᾶς οὐρανίου αἰνούντων τὸν θεὸν καὶ λεγόντων· δόξα ἐν ὑψίστοις θεῷ καὶ ἐπὶ γῆς εἰρήνη ἐν ἀνθρώποις εὐδοκίας.

πίμπλημι
erfüllen

κεῖμαι
liegen

ἡ εὐδοκία
guter Wille, Wohlgefallen

1: ὁ Δαυίδ *(indekl.)* = David

Jesu Kreuzigung und Tod (Mk 15,20-41)

Καὶ ἐξάγουσιν αὐτὸν ἵνα σταυρώσωσιν αὐτόν. καὶ ἀγγαρεύουσιν παράγοντά τινα Σίμωνα Κυρηναῖον[1] ἐρχόμενον ἀπ’ ἀγροῦ, τὸν πατέρα ’Αλεξάνδρου[2] καὶ Ῥούφου[3], ἵνα ἄρῃ τὸν σταυρὸν αὐτοῦ. Καὶ φέρουσιν αὐτὸν ἐπὶ τὸν Γολγοθᾶν[4] τόπον, ὅ ἐστιν μεθερμηνευόμενον Κρανίου Τόπος[5]. καὶ ἐδίδουν αὐτῷ ἐσμυρνισμένον οἶνον· ὃς δὲ οὐκ ἔλαβεν. Καὶ σταυροῦσιν αὐτὸν και διαμερίζονται τὰ ἱμάτια αὐτοῦ, βάλλοντες κλῆρον ἐπ’ αὐτὰ τίς τί ἄρῃ. ἦν δὲ ὥρα τρίτη καὶ ἐσταύρωσαν αὐτόν. καὶ ἦν ἡ ἐπιγραφὴ τῆς αἰτίας αὐτοῦ ἐπιγεγραμμένη· ὁ βασιλεὺς τῶν Ἰουδαίων[6]. Καὶ σὺν αὐτῷ σταυροῦσιν δύο λῃστάς, ἕνα ἐκ δεξιῶν καὶ ἕνα ἐξ εὐωνύμων αὐτοῦ. Καὶ οἱ παραπορευόμενοι ἐβλασφήμουν αὐτὸν κινοῦντες τὰς κεφαλὰς αὐτῶν καὶ λέγοντες· οὐὰ ὁ καταλύων τὸν ναὸν καὶ οἰκοδομῶν ἐν τρισὶν ἡμέραις, σῶσον σεαυτὸν καταβὰς[7] ἀπὸ τοῦ σταυροῦ. ὁμοίως καὶ οἱ ἀρχιερεῖς ἐμπαίζοντες πρὸς ἀλλήλους μετὰ τῶν γραμματέων ἔλεγον· ἄλλους ἔσωσεν, ἑαυτὸν οὐ δύναται σῶσαι· ὁ χριστὸς ὁ βασιλεὺς

κινέω
bewegen, schütteln

βοάω
schreien, laut rufen

ἄφίημι
(ent)lassen, vergeben

Ἰσραὴλ[8] καταβάτω[9] νῦν ἀπὸ τοῦ σταυροῦ, ἵνα ἴδωμεν καὶ πιστεύσωμεν. καὶ οἱ συνεσταυρωμένοι σὺν αὐτῷ ὠνείδιζον αὐτόν. Καὶ γενομένης ὥρας ἕκτης σκότος ἐγένετο ἐφ' ὅλην τὴν γῆν ἕως ὥρας ἐνάτης. καὶ τῇ ἐνάτῃ ὥρα ἐβόησεν ὁ Ἰησοῦς φωνῇ μεγάλῃ· ελωι ελωι λεμα σαβαχθανι; ὅ ἐστιν μεθερμηνευόμενον· ὁ θεός μου ὁ θεός μου, εἰς τί ἐγκατέλιπές με; καί τινες τῶν παρεστηκότων[10] ἀκούσαντες ἔλεγον· ἴδε Ἠλίαν[11] φωνεῖ. δραμὼν δέ τις [καὶ] γεμίσας σπόγγον ὄξους περιθεὶς καλάμῳ ἐπότιζεν αὐτόν λέγων· ἄφετε ἴδωμεν εἰ ἔρχεται Ἠλίας[11] καθελεῖν αὐτόν. ὁ δὲ Ἰησοῦς ἀφεὶς φωνὴν μεγάλην ἐξέπνευσεν. Καὶ τὸ καταπέτασμα τοῦ ναοῦ ἐσχίσθη εἰς δύο ἀπ' ἄνωθεν ἕως κάτω. ἰδὼν δὲ ὁ κεντυρίων[12] ὁ παρεστηκὼς[10] ἐξ ἐναντίας αὐτοῦ ὅτι οὕτως ἐξέπνευσεν εἶπεν· ἀληθῶς οὗτος ὁ ἄνθρωπος υἱὸς θεοῦ ἦν. Ἦσαν δὲ καὶ γυναῖκες ἀπὸ μακρόθεν θεωροῦσαι, ἐν αἷς καὶ Μαρία ἡ Μαγδαληνὴ[13] καὶ Μαρία[14] ἡ Ἰακώβου τοῦ μικροῦ[15] καὶ Ἰωσῆτος[16] μήτηρ καὶ Σαλώμη[17], αἳ ὅτε ἦν ἐν τῇ Γαλιλαίᾳ[18] ἠκολούθουν αὐτῷ καὶ διηκόνουν αὐτῷ, καὶ ἄλλαι πολλαὶ αἱ συναναβᾶσαι[19] αὐτῷ εἰς Ἱεροσόλυμα[20].

1: ὁ Σίμων Κυρηναῖος = Simon von Kyrene * 2: ὁ Ἀλέξανδρος =

Alexander * 3: ὁ Ῥοῦφος = Rufus * 4: ὁ Γολγοθᾶ = Golgata * 5: ὁ Κρανίου Τόπος = Schädelstätte * 6: ὁ Ἰουδαῖος = Jude * 7: *Part. W-Aor. von* καταβαίνω * 8: ὁ Ἰσραήλ *(indekl.)* = Israel * 9: *Imperat. 3. Sgl. Aor. von* καταβαίνω * 10: *Part. Perf. von* παρίσταμαι * 11: ὁ Ἠλίας, ου = Elias * 12: ὁ κεντυρίων, ωνος = Hauptmann * 13: ἡ Μαρία ἡ Μαγδαληνὴ = Maria aus Magdala * 14: ἡ Μαρία = Maria * 15: ὁ Ἰακώβος ὁ μικρός = Jakobus der Jüngere * 16: ὁ Ἰωσῆς, ῆτος = Joses * 17: ἡ Σαλώμη = Salome * 18: ἡ Γαλιλαία = Galiläa * 19: *Part. W-Aor. von* συναναβαίνω * 20: τὰ / ἡ Ἰεροσόλυμα = Jerusalem

Die Frau und der Drache (Offb 12,1-14)

Καὶ σημεῖον μέγα ὤφθη ἐν τῷ οὐρανῷ, γυνὴ περιβεβλημένη τὸν ἥλιον, καὶ ἡ σελήνη ὑποκάτω τῶν ποδῶν αὐτῆς καὶ ἐπὶ τῆς κεφαλῆς αὐτῆς στέφανος ἀστέρων δώδεκα, καὶ ἐν γαστρὶ ἔχουσα[1], καὶ κράζει ὠδίνουσα καὶ βασανιζομένη τεκεῖν. καὶ ὤφθη ἄλλο σημεῖον ἐν τῷ οὐρανῷ, καὶ ἰδοὺ δράκων μέγας πυρρὸς ἔχων κεφαλὰς ἑπτὰ καὶ κέρατα δέκα καὶ ἐπὶ τὰς κεφαλὰς αὐτοῦ ἑπτὰ διαδήματα, καὶ ἡ οὐρὰ αὐτοῦ σύρει τὸ τρίτον τῶν ἀστέρων τοῦ οὐρανοῦ καὶ ἔβαλεν αὐτοὺς εἰς τὴν γῆν. Καὶ ὁ δράκων ἕστηκεν ἐνώπιον τῆς γυναικὸς τῆς μελλούσης τεκεῖν, ἵνα ὅταν τέκῃ τὸ τέκνον αὐτῆς καταφάγῃ. καὶ ἔτεκεν υἱὸν ἄρσεν, ὃς μέλλει ποιμαίνειν πάντα τὰ ἔθνη ἐν ῥάβδῳ σιδηρᾷ. καὶ ἡρπάσθη τὸ τέκνον αὐτῆς πρὸς τὸν θεὸν καὶ πρὸς τὸν θρόνον αὐτοῦ. καὶ ἡ γυνη ἔφυγεν εἰς τὴν ἔρημον, ὅπου ἔχει ἐκει τόπον ἡτοιμασμένον ἀπὸ τοῦ θεοῦ, ἵνα ἐκεῖ τρέφωσιν[2] αὐτὴν ἡμέρας χιλίας διακοσίας ἑξήκοντα. Καὶ ἐγένετο πόλεμος

ἡ γαστήρ, γαστρός
Bauch

ἐνώπιον + *Gen.*
vor

κατεσθίω
st. Aor. κατέφαγον
verschlingen

ἐν τῷ οὐρανῷ, ὁ Μιχαὴλ[3] καὶ οἱ ἄγγελοι αὐτοῦ τοῦ πολεμῆσαι μετὰ τοῦ δράκοντος. καὶ ὁ δράκων ἐπολέμησεν καὶ οἱ ἄγγελοι αὐτοῦ, καὶ οὐκ ἴσχυσεν οὐδὲ τόπος εὑρέθη αὐτῶν ἔτι ἐν τῷ οὐρανῷ. καὶ ἐβλήθη ὁ δράκων ὁ μέγας, ὁ ὄφις ὁ ἀρχαῖος, ὁ καλούμενος Διάβολος καὶ ὁ Σατανᾶς, ὁ πλανῶν τὴν οἰκουμένην ὅλην, ἐβλήθη εἰς τὴν γῆν, καὶ οἱ ἄγγελοι αὐτοῦ μετ' αὐτοῦ ἐβλήθησαν. καὶ ἤκουσα φωνὴν μεγάλην ἐν τῷ οὐρανῷ λέγουσαν· ἄρτι ἐγένετο ἡ σωτηρία καὶ ἡ δύναμις καὶ ἡ βασιλεία τοῦ θεοῦ ἡμῶν καὶ ἡ ἐξουσία τοῦ χριστοῦ αὐτοῦ, ὅτι ἐβλήθη ὁ κατήγωρ τῶν ἀδελφῶν ἡμῶν, ὁ κατηγορῶν αὐτοὺς ἐνώπιον τοῦ θεοῦ ἡμῶν ἡμέρας καὶ νυκτός. καὶ αὐτοὶ ἐνίκησαν αὐτὸν διὰ τὸ αἷμα τοῦ ἀρνίου καὶ διὰ τὸν λόγον τῆς μαρτυρίας αὐτῶν καὶ οὐκ ἠγάπησαν τὴν ψυχὴν αὐτῶν ἄχρι θανάτου. διὰ τοῦτο εὐφραίνεσθε, [οἱ] οὐρανοὶ καὶ οἱ ἐν αὐτοῖς σκηνοῦντες. οὐαὶ τὴν γῆν καὶ τὴν θάλασσαν, ὅτι κατέβη[4] ὁ διάβολος πρὸς ὑμᾶς ἔχων θυμὸν μέγαν, εἰδὼς ὅτι ὀλίγον καιρὸν ἔχει. Καὶ ὅτε εἶδεν ὁ δράκων ὅτι ἐβλήθη εἰς τὴν γῆν, ἐδίωξεν τὴν γυναῖκα ἥτις ἔτεκεν τὸν ἄρσενα. καὶ ἐδόθησαν τῇ γυναικὶ αἱ δύο πτέρυγες τοῦ ἀετοῦ τοῦ μεγάλου, ἵνα πέτηται εἰς τὴν ἔρημον εἰς τὸν τόπον αὐτῆς, ὅπου τρέφεται ἐκεῖ καιρὸν καὶ καιροὺς καὶ ἥμισυ καιροῦ ἀπὸ προσώπου τοῦ ὄφεως.

ὁ ῥάβδος
Stab

ἁρπάζω
rauben, entrücken

φεύγω
st. Aor. ἔφυγον
fliehen

ὁ ὄφις, εως
Schlange

ἡ ἐξουσία
Macht, Gewalt, Herrschaft

τὸ ἀρνίον
Lamm

εὐφραίνω
erfreuen, *Pass.*: sich freuen

1: ἐν γαστρὶ ἔχω = schwanger sein * 2: *unpersönliche Übersetzung: 3. Sgl. Pass. / man ...* * 3: ὁ Μιχαήλ *(indekl.)* = Michael * 4: *W-Aor. von* καταβαίνω

Texte	*Vokabeln*	
Übersetzen Sie abschließend die Texte der Lektion 1.		
Seligpreisungen (Mt 5,3-10)	πενθέω	klagen, trauern
	πεινάω	hungern
	διψάω	dürsten
	χορτάζω	sättigen, *Pass.:* satt werden
	ἕνεκεν + *Gen.*	wegen
Vaterunser (Mt 6,9-13)	σήμερον	heute
	εἰσφέρω	……………………

Lösungsschlüssel für die W-Übungen

Lektion 3

W 1.
τῷ ἀνθρώπῳ - τὰ ἔργα - τοῦ στεφάνου - οἱ ἄγγελοι - τὸ ξύλον - οἱ λόγοι - οἱ θεοί - τοῦ φόβου / τῷ φόβῳ - τοῖς ἀποστόλοις - τὸν οὐρανόν - τῶν μυστηρίων - τοῦ διακόνου - τὸν θρόνον

W 2.
er / sie / es ist - sie werfen - sei gegrüßt - er / sie / es meldet / berichtet / verkündet - ich bin (da), lebe - ihr bringt eine freudige Nachricht / bringt eine freudige Nachricht! - ich liebe

W 3.
εἰσί(ν) - βάλλει - χαίρετε - ἀγγέλουσι(ν) - ἐσμέν - εὐαγγελίζεις / εὐαγγέλιζε - ἀγαπάομεν

Lektion 4

W 1.
ἀγγέλοις: Dat. Pl. mask., ἄγγελος - πρόσωπα: Nom. und Akk. Pl. neutr., πρόσωπον - ἐκκλησίᾳ: Dat. Sgl. fem., ἐκκλησία - ἀδελφῶν: Gen. Pl. mask. und fem., ἀδελφός / ἀδελφή - υἱούς: Akk. Pl. mask., υἱός - ψυχήν: Akk. Sgl. fem., ψυχή - φόβου: Gen. Sgl. mask., φόβος - ἀγάπης: Gen. Sgl. fem., ἀγάπη - ἀρχαί: Nom. Pl. fem., ἀρχή - χρόνον: Akk. Sgl. mask., χρόνος - στεφάνων: Gen. Pl. mask., στέφανος - μυστήρια: Nom. und Akk. Pl. neutr., μυστήριον - καρδίαν: Akk. Sgl. fem., καρδία - θεοί: Nom. Pl. mask., θεός

W 2.

maskulin	feminin	neutrum
θεόν	διακονίαν	ξύλου
λόγῳ	ἀγαπῶν	μυστήρια
ἀνθρώποις	σκοτίαν	χρυσίον
	οἰκία	

W 3.

[1]N	[2]E	[3]U	[4]E	[5]S	[6]T	[7]E	[8]S	[9]T	[10]A	[11]M	[12]E	[13]N	[14]T
U	R	N	N	O	E	V	O	I	B	E	H	I	O
N	S	D	G	H	U	A	N	E	E	N	R	C	T
	T		E	N	F	N	N	R	R	S	E	H	
	E		L		E	G	E			C		T	
	R				L	E				H			
						L							
						I							
						U							
						M							

Lektion 5

W 1.
prophezeien: προφητεύω = weissagen / ἡ προφητεία = Weissagung / ὁ προφήτης = Prophet
Kritik: κρίνω = urteilen, richten / ὁ κρίτης = Richter
Theologie: ὁ θεός = Gott; ὁ λόγος = Wort, Lehre, ...
Kardiologe: ἡ καρδία = Herz; ὁ λόγος = Wort, Lehre, ...
Kosmologie: ὁ κόσμος = Welt(all); ὁ λόγος = Wort, Lehre, ...

W 2.
βίβλος - ἀρχή - ἔρημος - δόξα - ἀγαθή - ὁδός - οἰκία - σοφία - ζωή - ἁγία

W 3.
βάλλειν - λέγετε - χαῖρε - ἐστί(ν) - ἄγω - εὐαγγελίζουσι(ν) - ὑπομένετε

W 4.
κρίνω: unterscheiden, urteilen, richten (B7-F3) * ἄρτος: Brot (H9-H5) * ἐγώ: ich (D3-F3) * ἐκ: aus … heraus, von … her (B4-B5 / A5-B5) * εἰς: in, an, bei, zu, nach, für (J8-J10) * βίβλος: Buch (B8-G8) * ὑπομονή: Geduld (I7-I1) * φαίνω: scheinen, leuchten (C7-G3) * σκοτία: Finsternis, Dunkelheit (H2-C2) * ὧδε: hier (D4-B4) * στρατιώτης: Soldat (J10-A1) * ὕστερον: später (J1-J7) * ἀγαπητός: geliebt (H1-A1) * ἄνθρωπος: Mensch (A10-H10) * βάλλω: werfen (C9-G9) * ἁγιασμός: Heiligung (A10-H3) * ἀποστέλλω: absenden, abschicken (A10-A2)

Lektion 6

W 1.
Irene: ἡ εἰρήνη = Frieden
Eschatologie: ἔσχατος = äußerster, letzter; ὁ λόγος = Wort, Lehre, ...
Eremit: ἡ ἔρημος = Wüste, Einöde
Zoologie: ἡ ζωή = Leben / τὸ ζῷον = Lebewesen, Tier
Archäologie: ἀρχαῖος = alt / ἡ ἀρχή = Anfang; ὁ λόγος = Wort, Lehre, ...

W 2.
ohne - des Buches - sie säen für sich / in ihrem Interesse; sie werden gesät - du erkennst - damals / dann - den Dieb - sie nehmen / ergreifen / empfangen - die Brote - er / sie / es erbaut - der Geduld - denn / nämlich - ich sende für mich / in meinem Interesse ab; ich werde abgesandt - siehe / seht - der Diener - er / sie / es wirft sich / für sich / in seinem Interesse; er / sie / es wird geworfen - und / auch

W 3.
1B - 2A - 3C - 4B - 5B - 6A - 7A - 8B

Lektion 7

W 1.
1. erbauen - 2. werfen - 3. heilig - 4. sich freuen - 5. Geheimnis - 6. Geduld - 7. Bruder - 8. kommen - 9. Wahrheit - 10. Anfang - 11. rechtfertigen - 12. weissagen - 13. Leben - 14. frühmorgens - 15. Kamerad
gerechte Menschen = δίκαιοι ἄνθρωποι

W 2.
dem Weg - des Testaments - die Becher / Kelche - die Äcker / Felder - den Kränzen - das Brot - die Sünder - des Hausherrn - die Früchte / Erträge - den Ehren / Herrlichkeiten

W 3.
ὁδοῖς - διαθηκῶν - ποτήριον - ἀγρός - σταυρῷ - ἄρτους - ἁμαρτωλός - οἰκοδεσποτῶν - καρπόν - δόξῃ

Lektion 8

W 1.
τοῦ φρονίμου κλεπτοῦ, αἱ ἀγαθαὶ ἄμπελοι, τοῖς δικαίοις κριταῖς, τὸ ἅγιον βιβλίον, τὴν ἅγιαν βίβλον, τῷ σοφῷ ψεύστῃ, τοὺς νεκροὺς προφήτας, τῆς καινῆς ὁδοῦ

W 2.
z. B. Ὁ γεωργὸς φρόνιμος τῷ δούλῳ πάντοτε πιστεύει. / Ὁ γεωργὸς φρόνιμος τοὺς ἀνθρώπους διὰ τῆς ἐρήμου ἄγει. / Ὁ γεωργὸς φρόνιμος τοὺς διακόνους τοῦ κυρίου εἰς τὴν συναγωγήν ἄγει. / Σύ σῇ ἀγαπητῇ ἀδελφῇ ἐν ταύτῃ ὥρᾳ γράφεις. / Οἱ ἀγαθοὶ μαθηταί ἐν ὑπομονῇ μανθάνειν θέλουσιν. / Ὁ ἥλιος ἐν οὐρανῷ οὐκέτι φαίνει. / Νῦν ὁ σοφὸς κρίτης τὸν ξένον κλέπτην κρίνει. / Ἡμεῖς τὸ βιβλίον περὶ τῶν ψευδοπροφήτων μόνον ἀναγινώσκομεν. / Ἡμεῖς τοὺς ἀνθρώπους εἰς τὴν συναγωγήν ἀποστέλλομεν. / Ὑμεῖς ἔχετε ἄρτον ἐν ὑμετέρῳ οἴκῳ; / Ὑμεῖς ἐν ὑμετέρῳ οἴκῳ τὸ βιβλίον περὶ τῶν ψευδοπροφήτων ἔχετε.

W 3.
διαλογίζεται: 3. Sgl. Präs. Med.-Pass., διαλογίζομαι - ἄγουσι: 3. Pl. Präs. Akt., ἄγω - τούτοις: Dat. Pl. mask. / neutr., οὗτος - ἀγροί: Nom. Pl. mask., ὁ ἀγρός - αἷς: Dat. Pl. fem., ὅς - διαμερίζονται: 3. Pl. Präs. Med.-Pass., διαμερίζω - λαμβάνεις: 2. Sgl. Präs. Akt., λαμβάνω - σοφούς: Akk. Pl. mask., σοφός - μηκέτι: Adv. - ἐμοί: Dat. Sgl., ἐγώ - ἀποστέλλετε: 2. Pl. Präs. Akt. und Imperat. Pl., ἀποστέλλω - ἄγεσθαι: Inf. Präs. Med.-Pass., ἄγω - φόβων: Gen. Pl. mask., ὁ φόβος - μυστήριον: Nom. / Akk. Sgl. neutr. - ὑμῖν: Dat. Pl., ὑμεῖς - πάντοτε: Adv.

Lektion 9

W 1.

Präsens Aktiv	Präs. Med. – Pass.	Imperfekt Aktiv	Imperf. Med. – Pass.
___	ἔρχομαι	___	ἠρχόμην
γράφουσιν	γράφονται	ἔγραφον	ἐγράφοντο
κλέπτεις	κλέπτῃ	ἔκλεπτες	ἐκλέπτου
καθαρίζει	καθαρίζεται	ἐκαθάριζε(ν)	ἐκαθαρίζετο
πιστεύω	πιστεύομαι	ἐπίστευον	ἐπιστευόμην
φυλάσσετε	φυλάσσεσθε	ἐφυλάσσετε	ἐφυλάσσεσθε
ἐσμέν	___	ἦτε	___

W 2.
Nekrophobie: νεκρός = tot; ὁ φόβος = Furcht
Eremitage: ἡ ἔρημος = Wüste, Einöde
Despot: ὁ δεσπότης = Herr
Topographie: ὁ τόπος = Ort; γράφω = schreiben, malen / ἡ γραφή = Schrift
Monolog: μόνος = allein, einzig; ὁ λόγος = Wort, Lehre, ...
Prophylaxe: πρό = vor; φυλάσσω = bewachen, beobachten / ἡ φυλακή = (Nacht-)Wache

W 3.
ἡ προσευχή - ἐμός - ἀμήν - ὁ ὑπομονή - ὁ ἀγρός - λέγω - γάρ - ἡ βίβλος - γίνομαι - εἰς - λοιπός - ἅγιος - ἴδε - ἡ ἐκκλησία - ἡ οἰκία - ὁ θεός - ὁ ὄχλος - νῦν - ὁ ἄνθρωπος

εὐαγγέλιον = Freudenbotschaft, Evangelium

Lektion 10

W 1.
Οἱ ἄνθρωποι ἀστέρα, ὃς μέγάς ἐστιν, ἐν τῷ οὐρανῷ φυλάσσουσιν.
Πολλοὶ ἄνθρωποι εἰς τὸν ἱερὸν ἐμβαίνουσιν / εἰσέρχονται, ὅτι ἐκεῖ προσεύχονται.
Ἡ ἀδελφὴ τὴν βίβλον / τὸ βιβλίον, ἐν ᾗ / ᾧ παραβολή ἐστιν, γράφει.
Ὁ ἱερεὺς τὰ ἔργα (τοῦ) θεοῦ ἐν καυχήματι καυχάεται.

W 2.
ἡ ἁμαρτία: ἁμαρτάνω, ὁ ἁμαρτωλός
ἀγαπάω: ἡ ἀγάπη, ἀγαπητός
ὁ οἶκος: ἡ οἰκία, ὁ οἰκοδεσπότης
προφητεύω: ἡ προφητεία, ὁ προφήτης
δικαιόω: δίκαιος, ἡ δικαιοσύνη

W 3.
ἐχαρίζετο: 3. Sgl. Imperf. Akt., χαρίζομαι - ἔριν: Akk. Sgl. fem., ἡ ἔρις - ἐκεῖ: Adv. - ηὔξανον: 1. Sgl. / 3. Pl. Imperf. Akt., αὐξάνω - δυνατοῖς: Dat. Pl. mask. / neutr., δυνατός - ποιμένες: Nom. Pl. mask., ὁ ποιμήν - θέλουσι: 3. Pl. Präs. Akt., θέλω - ἐγράφετε: 2. Pl. Imperf. Akt., γράφω - οὐ: Negation - καυχήματος: Gen. Sgl. neutr., τὸ καύχημα - φυλακῆς: Gen. Sgl. fem., ἡ φυλακή - ἱερά: Nom. / Akk. Pl. neutr., τὸ ἱέρον - κατασκευάζῃ: 2. Sgl. Präs. Med.-Pass., κατασκευάζω - ὑμῖν: Dat. Pl., ὑμεῖς - τότε: Adv. - ἔρχεσθαι: Inf. Präs. Med.-Pass., ἔρχομαι - καθαρίζεις: 2. Sgl. Präs. Akt., καθαρίζω - ἐμοῦ: Gen. Sgl., ἐγώ - μαθητήν: Akk. Sgl. mask., ὁ μαθητής - ὄρους: Gen. Sgl. neutr., τὸ ὄρος - ἄρχουσι: Dat. Pl. mask., ὁ ἄρχων - ἤγομεν: 1. Pl.

Imperf. Akt., ἄγω - δέ: Partikel - λέγεις: 2. Sgl. Präs. Akt., λέγω - χαίρετε: 2. / Imperat. Pl. Präs. Akt., χαίρω - προσεύχεσθαι: Inf. Präs. Med.-Pass., προσεύχομαι

W 4.
A καιρός - **B** σφόδρα - **C** παραβολή - **D** πολύς - **E** προσεύχομαι - **F** ἄγω - **G** τε - **H** ὑπακούω

Lektion 11

W 1.
A ἀριθμός: gehört zur o-Dekl., die beiden anderen Formen gehören zur 3. Dekl.
B ἀστέρι: ist Dat. Sgl., die beiden anderen Formen sind Gen. Sgl.
C λύχνον: ist Sgl., die beiden anderen Formen sind Pl.
D ἔρις: ist fem., die beiden anderen Formen sind mask.
E δράκοντα: ist Akk. Sgl., die beiden anderen Formen sind. Dat. Pl.

W 2.
unter dem Berg bleiben - durch das Gesetz / gemäß des Gesetzes entstehen / geschehen - sich mit Fremden / Gastfreunden freuen - im Tempel beten - aus dem Haus kommen - vor dem Volk / der Volksmenge reden - wegen uns - durch die Wüste kommen - ohne Lampe lesen - nach dem Tag - in die Stadt führen

W 3.
καί (E2-C2), und, auch - ὄρος (A3-D3), Berg - ὑπομένω (J9-D9), aus-, durchhalten - λέγω (F4-I1), reden, sagen - ἀνάγω (J1-F5), hinauffführen - γίνομαι (B10-B4), werden, entstehen, geschehen - πίστις (C5-C10), Treue, Zuverlässigkeit, Glaube - κριτής (E2-E7), Richter - ἀγρός (D4-D8), Acker, Feld - θέλω (F2-F5), wollen, wünschen - γράφω (G4-G8), schreiben, malen - ἄρτος (H3-H7), Brot - ὀφθαλμός (J10-C10), Auge - ἀναβαίνω (J1-J8), hinaufgehen, ziehen, reisen - παραβολή (A1-H1), Gleichnis - πρόβατον (A1-A8), Kleinvieh, Schaf - ἐγώ (G3-I1), ich

Lektion 12

W 1.

Imperfekt	Präsens	Futur
ἐπροφήτευον	προφητεύουσιν	προφητεύσουσι(ν)
ἐβασιλεύεσθε	βασιλεύεσθε	βασιλεύσεσθε / βασιλευθήσεσθε
ἐπέμπομεν	πέμπομεν	πέμψομεν
ἤμην	εἰμι	ἔσομαι
ἐπιστεύετο	πιστεύεται	πιστεύσεται / πιστευθήσεται

W 2.

maskulin	feminin	neutrum
δράκων	ἐλπίς	μυστήριον
νόμος	παρθένος	ὄνομα
προφήτης	νύξ	ἔθνος
πατήρ	βασιλεία	
ἀστήρ	πόλις	

W 3.

καρπός - ποιμαίνω - ἀγρός - γεωργός - σάρξ - ποιμήν
Lösungswort: Μαρία ἡ Μαγδαλήνη

W 4.

vom Berg kommen - zwischen / bei den Menschen sein - in der Nacht lernen - auf dem Feld säen - in die Stadt reisen / gehen - vor dem Tempel bleiben - ohne Gesetze (als König) herrschen - im Haus arbeiten - des Vaters wegen / um des Vaters willen beten - mit Freunden reden

W 5.

φωτί: Dat. Sgl. neutr.; φῶς - δάκρυα: Nom. und Akk. Pl. neutr., δάκρυον - δράκοντας: Akk. Pl. mask., δράκων - ὀφθαλμῶν: Gen. Pl. mask., ὀφθαλμός - κτίσεως: Gen. Sgl. fem., κτίσις - σῖτον: Akk. Sgl. mask., σῖτος - πατρός: Gen. Sgl. mask., πατήρ - προβάτοις: Dat. Pl. neutr., πρόβατον - πόλιν: Akk. Sgl. fem., πόλις - δαιμονίου: Gen. Sgl. neutr., δαιμόνιον - ἔθνη: Nom. und Akk. Pl. neutr., ἔθνος - νόμους: Akk. Pl. mask., νόμος - ὄνομα: Nom. und Akk. Sgl. neutr., ὄνομα - ἡμέραν: Akk. Sgl. fem., ἡμέρα - καυχήματα: Nom. und Akk. Pl. neutr., καύχημα - γυναιξίν: Dat. Pl. fem., γυνή - σκάνδαλα: Nom. und Akk. Pl. neutr., σκάνδαλον - ὄχλοι: Nom. Pl. mask., ὄχλος - γραφαῖς: Dat. Pl. fem., γραφή - πνεύμασι: Dat. Pl. neutr., πνεῦμα

- δικαιοσύνη: Nom. Sgl. fem. - γεωργῷ: Dat. Sgl. mask., γεωργός - ἐργάτης: Nom. Sgl. mask. - οἰκίων: Gen. Pl. fem., οἰκία

Lektion 13

W 1.

Präs. Akt.	Präs. Med.-Pass.	Imperf. Akt.	Imperf. Med.-Pass.	Fut. Akt.	Fut. Med.	Fut. Pass.
κρίνει	ἔρχῃ	ὑπήκουον	ἐγινώσκου	προφητεύσουσιν	γράψονται	ἀχθήσῃ
σπείρειν	βαπτίζομαι	ἐπληθύνες	ἐλέγετο	ἄξετε	βασιλεύσεσθαι	βασιλευθήσονται
ἁγιάζεις			συνήρχοντο		πιστεύσομαι	
ἄγετε						

W 2.
πέμπουσιν (A1-A9), sie schicken - δουλεύσει (J1-B1), er wird dienen / gehorchen / Sklave sein - ἤλπιζον (J2-J8), ich hoffte, sie hofften - ὠνομάζομεν (J10-A10), wir (be)nannten - βασίλευε (B9-I9), herrsche (als König) - πιστεύῃ (A4-G4), du glaubst für dich / in deinem Interesse - ἔσομαι (G5-B5), ich werde sein - ἐπλήθυνεν (A2-I2), er vermehrte - μανθάνει (B7-I7), er lernt - χαίρειν (B6-H6), sich freuen - εἰσί (I3-I6), sie sind - ἐστίν (H2-H6), er ist - ἔλεγον (G3-B3), ich sagte / redete, sie sagten / redeten

W 3.
z.B. Ἡ σκοτία τὸν ἄνθρωπον καλῶς κρύπτει. / Ὁ νέος ἱερεύς ἐν τῇ ἐκκλησίᾳ προσεύχεται. / Ὁ πονηρὸς κλέπτης καὶ ὁ ἄπιστος δοῦλος τὸν κύριον ἐν τῷ οἴκῳ αὐτοῦ πατάσσουσιν. / Ὁ ἀγαθὸς πατήρ σὺν τοῖς φίλοις εἰς τὴν ἐκκλησίαν ἔρχεται. / Τὸ φῶς ἐν τῇ σκοτίᾳ σφόδρα φωτίζει. / Ὁ βασιλεύς τὸν ἄνθρωπον εἰς τὴν ἔρημον οὐ πέμπει. / Οἱ φίλοι τὰ μυστηρία κακῶς κρύπτουσιν.

Lektion 14

W 1.
σαρκί: Dat. Sgl. fem., σάρξ - τόποις: Dat. Pl. mask., τόπος - πιστευθησομένους: Part. Fut. Pass. Akk. Pl. mask., πιστεύω - πρόσωπα: Nom. und Akk. Pl. neutr., τὸ πρόσωπον - ἰσχύοντος: Part. Präs. Akt. Gen. Sgl. mask. und neutr., ἰσχύω - ζωῇ: Dat. Sgl. fem., ζωή - καθαρίζουσα: Part. Präs. Akt. Nom. Sgl. fem., καθαρίζω -

πόνων: Gen. Pl. mask., πόνος - βασιλευόμενοι: Part. Präs. Med.-Pass. Nom. Pl. mask., βασιλεύω - κεφαλήν: Akk. Sgl. fem., κεφαλή - πνεῦμα: Nom. und Akk. Sgl. neutr. - σώματα: Nom. und Akk. Pl. neutr., σῶμα - σῳσούσῃ: Part. Fut. Akt. Dat. Sgl. fem., σῴζω - καταλῦον: Part. Präs. Akt. Nom. und Akk. Sgl. neutr., καταλύω

W 2.
Patrologie: ὁ πατήρ = Vater; ὁ λόγος = Wort, Lehre …
Skandal: σκανδαλίζω = Anstoß geben, ärgern, empören / τὸ σκάνδαλον = Anstößiges, Anlass zur Sünde
Idiot: ἴδιος = eigen
Didaktik: ὁ διδάσκαλος = Lehrer / διδάσκω = lehren / ἡ διδασκαλία / ἡ διδαχή = Lehre, Unterweisung
Aster: ὁ ἀστήρ = Stern
Therapie: θεραπεύω = heilen, dienen
Heliophobie: ὁ ἥλιος = Sonne; ὁ φόβος = Furcht

W 3.
λύω ⇨ ἔλυον ⇨ ἐλυόμην ⇨ ἐλύοντο ⇨ λύονται
πιστεύω ⇨πιστεύεις ⇨ ἐπίστευε(ν) ⇨ πιστευομένη ⇨ πιστεύειν
ἡ ὥρα ⇨ αἱ ὥραι ⇨ τὴν ὥραν ⇨ τὰς ὥρας ⇨ ταῖς ὥραις
τὸ ἔθνος ⇨ τὸ ἔθνος ⇨ τὰ ἔθνη ⇨ τῷ ἔθνει ⇨ τῶν ἐθνῶν
ὁ λαός ⇨ τοῦ λαοῦ ⇨ τῶν λαῶν ⇨ τῷ λαῷ ⇨ τοῖς λαοῖς

Lektion 15

W 1.
z. B. Οἱ κακοὶ λῃσταὶ εἰς τὴν πόλιν ἔρχονται. / Ὁ ἀγαθὸς διδάσκαλος τοὺς μακαρίους μαθητὰς κράζει. / Οἱ πολλοὶ ἀστέρες ἐν τῇ σκοτίᾳ φωτίζουσιν. / Οἱ πολλοὶ ἀστέρες ἐν τῷ οὐρανῷ εἰσιν. / Ἡμεῖς τὸν ἀγαθὸν φίλον εἰς τὰ ὄρα ἄγομεν. / Σὺ σὺν τοῖς πονηροῖς δούλοις ἐν τῇ αὐλῇ ἐργάζῃ.

W 2.
ἰδού - ὁ κρίτης - ἡ ὥρα - ἀναβαίνω - ἡ δικαιοσύνη - ἡ νόσος - ὁ νόμος - ἀνακρίνω - νεκρός - ἡμεῖς - δίκαιος - ἡ ἀνομία - στρέφω
Lösungswort: Ἰωάννης

W 3.

^{1}S	^{2}A	^{3}N	^{4}A	^{5}H	^{6}W	^{7}U	^{8}D	^{9}D
E	B	I	L	I	I	N	E	O
H	E	C	S	E	E	D	N	R
R	R	H	O	R		N	N	T
		T				I		
		M				C		
		E				H		
		H				T		
		R						

W 4.

Aorist	Imperfekt	Präsens	Futur
ἠκούσατε	ἡτοίμαζον	θαυμαζομένου	βασιλεύσουσι
ἐθεραπεύθη	ἐμανθάνετο	προσεύχεται	βλεφθήσεσθε
ἔκλεψας	ἐσάλπιζεν	ὑπακούειν	ὀνομάσω
ἐπίστευσεν		ἀναγινώσκοντες	
θεραπευθείς			

Lektion 16

W 1.

φυλακῆς: Gen. Sgl. fem., ἡ φυλακή - γεωργούς: Akk. Pl. mask., ὁ γεωργός - βασιλέων: Gen. Pl. mask., ὁ βασιλεύς - πόλεσι: Dat. Pl. fem., ἡ πόλις - κόσμοι: Nom. Pl. mask., ὁ κόσμος - βιβλίου: Gen. Sgl.neutr., τὸ βιβλίον - στρατιώτης: Nom. Sgl. mask., ὁ στρατιώτης - δράκοντας: Akk. Pl. mask., ὁ δράκων - καυχήματα: Nom. und Akk. Pl. neutr., τὸ καύχημα - ἔριν: Akk. Sgl. fem., ἡ ἔρις - εἰρήνην: Akk. Sgl. fem., ἡ εἰρήνη - ὀνόματι: Dat. Sgl. neutr., τὸ ὄνομα - βίβλου: Gen. Sgl. fem., ἡ βίβλος - πατράσιν: Dat. Pl. mask., ὁ πατήρ - πρόβατα: Nom. und Akk. Pl. neutr., τὸ πρόβατον

W 2.

ἡ ἀδελφὴ ἄδικος ⇨ τῶν ἀδελφῶν ἀδίκων ⇨ τῇ ἀδελφῇ ἀδίκῳ ⇨ τὰς ἀδελφὰς ἀδίκους ⇨ αἱ ἀδελφαὶ ἄδικοι ⇨ τῆς ἀδελφῆς ἀδίκου

τὸ πῦρ ἰσχυρόν ⇨ τῷ πυρὶ ἰσχυρῷ ⇨ τὰ πύρα ἰσχυρά ⇨ τὰ πύρα ἰσχυρά ⇨ τοῦ πυρὸς ἰσχυροῦ ⇨ τὸ πῦρ ἰσχυρόν

ὁ μαθητὴς πιστός ⇨ τοῦ μαθητοῦ πιστοῦ ⇨ οἱ μαθηθαὶ πιστοί ⇨ τῷ μαθητῇ πιστῷ ⇨ τοὺς μαθητὰς πιστούς ⇨ τοῖς μαθηταῖς πιστοῖς

W 3.

Substantiv	Pronomen	Adjektiv	Partizip	Adverb
τρόπῳ	σός	μέγας	λυομένοις	κακῶς
γονεῖς	ταύτης	τελείου	θεραπεύσασιν	νῦν
ἐλπίδος	σε	γυμνοῖς	γεγραμμένου	ἐκεῖθεν
ἀνομίας	οὗ	ἴδιον	ὄντα	

W 4.

ἀσεβής A - βλέπω C - φίλος A - δέχομαι B - μέγας C - καιρός A - ἔρχομαι B - τυφλός C - ἀποκαλύπτω A - ἐκλεκτός B - ἰχθύς A

Lektion 17

W 1.

τοιούτου: Gen. Sgl. mask. und neutr., τοιοῦυτος - οἷς: Dat. Pl. mask. und neutr., ὅς - ἐμοί: Dat. Sgl., ἐγώ - τοσαύτη: Dat. Sgl. fem., τοσοῦτος - ὑμῶν: Gen. Pl., ὑμεῖς - ἅς: Akk. Pl. fem., ὅς - ὑμέτεροι: Nom. Pl. mask., ὑμέτερος - ταύταις: Dat. Pl. fem., οὗτος - σοῦ: Gen. Sgl., σύ / Gen. Sgl. mask. und neutr., σός - τοῦτον: Akk. Sgl. mask., οὗτος - αὐτοῖς: Dat. Pl. mask. und neutr., αὐτός - τοῦτο: Nom. und Akk. Sgl. neutr., οὗτος - ἡμετέραις: Dat. Pl. fem., ἡμέτερος - οὗτοι: Nom. Pl. mask., οὗτος - ὑμῖν: Dat. Pl., ὑμεῖς - ἐγώ: Nom. Sgl.- τοσαύτη: Nom. Sgl. fem., τοσοῦτος - ταῦτα: Nom. und Akk. Pl. neutr., οὗτος - ἐμός: Nom. Sgl. mask.

W 2.

πιστεύω: ἡ πίστις, πιστός, ἡ ἀπιστία, ἄπιστος - ἀσθένεια: ἀσθενής, ἀσθενέω - διδάσκαλος: διδάσκω, ἡ διδασκαλία, ἡ διδαχή - δύναμαι: ἡ δύναμις, δυνατός - ἀκούω: ἡ ἀκοή, ὑπακούω, ἡ ὑπακοή

W 3.

ἀξίῳ δεσπότῃ / ἄρχοντι: dem würdigen Herrn / Herrscher - ταχέως λῃστοῦ - des schnellen Räubers - νέαις σκηναῖς / ἀδελφαῖς: den neuen Zelten / den jungen Schwestern - ἰσχυροί μαθηταί / πατέρες: die starken Schüler / Väter - ὑγιῆ πρόβατα / βασιλέα: das gesunde Kleinvieh / die gesunden Schafe / den gesunden König - ἀδίκοις ἀδελφαῖς: den ungerechten Schwestern - τυφλοί μαθηταί / πατέρες: die blinden Schüler / Väter - ἀσθενεῖ δεσπότῃ / ἄρχοντι: dem schwachen / kranken Herrn / Herrscher - φρόνιμον βασιλέα: den verständigen / klugen König - πιστῶν γεωργῶν: der gläubigen / treuen / zuverlässigen Bauern

W 4.

Präsens	Futur	Imperfekt	Aorist	Perfekt
ἀνοίγομεν	λυθήσῃ	ἠρχόμην	πιστεύσας	τεθεράπευκεν
ἰσχύοντες	δαιμονίσονται	ἴσχυες	ἔπεμψαν	πεφιληκυῖα
δίδασκε	ἀποκαλύψουσα	ἐβαπτίζοντο	σχισαμένῳ	λελάληται
νομίζουσιν			βασιλευθείς	

Lektion 18

W 1.

Ὁ πατὴρ οὐ τὸ τέκνον κράζον ἐκ τοῦ οἴκου οὐδαμῶς ἐκβάλλει.
richtige Übersetzung:
Der Vater wirft das schreiende Kind keineswegs aus dem Haus.
Begründung:
Wenn bei doppelten Negationen die letzte eine zusammengesetzte ist, wird die Satzaussage negativ.
κράζον steht im Akk. Sgl. und nicht im Nom. Sgl. Das Partizip bezieht sich folglich auf τέκνον.

Ἡ θύγατηρ τὸν δοῦλον αὐτῆς σὺν τροφαῖς ἀγαθαῖς εἰς τὸν ἀγρόν πέμπουσα σὺν φίλῳ ἀπήρχετο.
richtige Übersetzung:
Während die Tochter ihren Sklaven mit guten Speisen auf das Feld schickte, ging sie mit einem Freund weg.
Begründung:
πέμπουσα ist ein Part. im Präs. Folglich muss der Nebensatz gleichzeitig zum Hauptsatz übersetzt werden.
σὺν φίλῳ trägt keinen Artikel.

Ὁ ἱερεὺς ἐν τῷ ἱερῷ προσευξάμενος τὴν ἐκκλησίαν ἐδέξατο.
richtige Übersetzung:
Nachdem der Priester im Tempel gebetet hatte, empfing er die Gemeinde.
Begründung:
προσευξαμένου ist ein Part. im Aor. Folglich muss der Nebensatz vorzeitig übersetzt werden.

W 2.

ἡ θύρα - τὸ πνεῦμα - ἰδού - λαλέω - ὁ οἰκοδεσπότης - ἅγιος - ἡ αὐλή - τότε - ὁ λύχνος - ὁ οὐρανός - ὁ δοῦλος - σκανδαλίζω
Lösungswort: Πιλᾶτος

W 3.
κελεύουσιν ⇨ κελεύει / κελεύοντι - σπουδῶν ⇨ σπουδῆς - ἐνόμιζον ⇨ ἐνομίζομεν / ἐνόμιζε(ν) - θύραν ⇨ θύρας - ἡμεῖς ⇨ ἐγώ - στόμα ⇨ στόματα - ἐστιν ⇨ εἰσίν - τυφλός ⇨ τυφλοί - τούτοις ⇨ τούτῳ - λύεται ⇨ λύονται - λόγῳ ⇨ λόγοις - σύ ⇨ ὑμεῖς - σκηναῖς ⇨ σκηνῇ - τούτου ⇨ τούτων

W 4.
1E - 2H - 3L - 4N - 5A - 6B - 7D - 8M - 9C - 10G - 11I - 12F - 13K - 14J

Lektion 19

W 1.
1. πειρασμός - 2. κελεύω - 3. ὄνομα - 4. γινώσκω - 5. πέμπω - 6. ἀσθενής - 7. τρόπος - 8. πρόβατον - 9. κένος - 10. προφητεύω
Lösung: βίβλος γενέσεως Ἰησοῦ Χριστοῦ = Buch von der Entstehung Jesu Christi

W 2.

Präs.	Imperf.	Fut.	Perf.	Plus.	Aor.
σχίζον-ται	ἐδίδασ-κες	οἰκοδομηθή-σεται	λελάληκα	ἐβεβασιλεύκει	ἴσχυσεν
ἐργάζῃ	ἐσῴζετο	κελεύσουσι	δεδουλευ-κυία		βλεψάμενος
		γράψεις			ἐτελήσαμεν
					ἐλύθητε

W 3.
ὁ λίθος ⇨ οἱ λίθοι ⇨ τὸν λίθον ⇨ τῶν λίθων ⇨ τῷ λίθῳ ⇨ τοὺς λίθους
ἡ νεφέλη ⇨ τῶν νεφελῶν ⇨ τῇ νεφέλῃ ⇨ τὰς νεφέλας ⇨ αἱ νεφέλαι ⇨ τὴν νεφέλην
τὸ δῶρον ⇨ τὰ δῶρα ⇨ τὸ δῶρον ⇨ τὰ δῶρα ⇨ τοῦ δώρου ⇨ τοῖς δώροις
ἡ θύρα ⇨ τῇ θύρᾳ ⇨ τῆς θύρας ⇨ τῶν θυρῶν ⇨ αἱ θύραι ⇨ τὴν θύραν
τὸ στόμα ⇨ τοῦ στόματος ⇨ τὸ στόμα ⇨ τῶν στομάτων ⇨ τοῖς στόμασι(ν) ⇨ τὰ στόματα

Lektion 20

W 1.
ὑγιαίνουσιν: sie sind gesund; den gesund Seienden / denen, die gesund sind - ἠργάζετο: er / sie / es arbeitete - σπουδάσων: einer, der sich beeilen wird - δεδούλευκεν: er / sie / es ist Sklave gewesen - κελεύῃ: er / sie / es befehle / würde befehlen; du befiehlst dir / für dich; du würdest dir / für dich befehlen -

ἐξεβαλλόμην: ich warf für mich hinaus / ich wurde hinaus geworfen - πέμψετε: ihr werdet schicken - ἄγεσθαι: (für) sich führen / geführt werden - ἀκουομένοις: den (für) sich Hörenden / denen, die (für) sich hören / den Gehörten / denen, die gehört werden - ἤμεθα: wir waren - λέλυμαι: ich habe (für) mich gelöst / ich bin gelöst worden - ὄντι: dem Seienden / dem, der ist - ἐπεπιστεύκειμεν: wir hatten geglaubt - ἐκάθευδον: ich schlief; sie schliefen - θυέτω: er / sie / es soll opfern

W 2.

ἡμέραι: Nom. Pl. fem., ἡ ἡμέρα - ὄρους: Gen. Sgl. neutr., τὸ ὄρος - περιστερᾷ: Dat. Sgl. fem., ἡ περιστερά - πάν: Nom. und Akk. Sgl. neutr., πᾶς - καθαροί: Nom. Pl. mask., καθαρός - λιμοῦ: Gen. Sgl. mask. / fem. , ὁ / ἡ λιμός - νυκτί: Dat. Sgl. fem., ἡ νύξ - βασιλεῖ: Dat. Sgl. mask., ὁ βασιλεύς - λῃσταί: Nom. Pl. mask., ὁ λῃστής - δάκρυα: Nom. und Akk. Pl. neutr., τὸ δάκρυον - ἀσθένειαν: Akk. Sgl. fem., ἡ ἀσθένεια - νέῳ: Dat. Sgl. mask. und neutr., νέος - τυφλῶν: Gen. Pl. mask., fem., neutr., τυφλός - πνεύματι: Dat. Sgl. neutr., τὸ πνεῦμα - πονηρᾷ: Dat. Sgl. fem., πονηρός - ἐλπίδος: Gen. Sgl. fem., ἡ ἐλπίς - ἄρχουσιν: Dat. Pl. mask., ὁ ἄρχων - εὐθύ: Nom. und Akk. Sgl., neutr., εὐθύς

W 3.

Ἡ μήτηρ τὸ τέκνον τὸ ἀγαπητὸν ἐκ τοῦ οἴκου / εἰς τὴν πόλιν ἀπέστελλεν.
Die Mutter schickte das geliebte Kind aus dem Haus / in die Stadt.
Οἱ πιστοὶ φίλοι σὺν δούλοις / ἐν τῇ αὐλῇ / πρὸς τῇ ἄλλῃ κώμῃ ἐργάζονται.
Die zuverlässigen Freunde arbeiten mit Sklaven / im Hof / in der Nähe eines anderen Dorfes.
Θέλομεν οἰκοδομεῖν τὸ ἱερὸν σὺν δούλοις.
Wir wollen den Tempel bauen mit Sklaven.
Ὁ οὐδεὶς ἄνθρωπος χωρὶς τῆς ἀγάπης οὐδαμῶς εἶναι δύναται.
Der Mensch kann keineswegs ohne die Liebe sein.
Μετὰ τὸν ἔργον / Πρὸς τῇ ἄλλῃ κώμῃ / Σὺν δούλοις οἱ ποιμένες τὰ πρόβατα ποιμαίνουσιν.
Nach der Arbeit / In der Nähe eines anderen Dorfes / Mit Sklaven weiden die Hirten das Kleinvieh.
Οἱ μακάριοι ἀπόστολοι εἰς τὴν πόλιν εἰσπορεύονται, ὅτι ἐν τῷ οὐρανῷ ἀστέρα βεβλέφασιν.
Die seligen Apostel gehen in die Stadt hinein, weil sie am Himmel einen Stern gesehen haben.
Τῶν πονηρῶν κλεπτῶν εἰσελθόντων ὁ οἰκοδεσπότης τὸν δοῦλον αὐτοῦ ταχέως ἐκ τοῦ οἴκου / εἰς τὴν πόλιν ἐπέμψεν.
Nachdem die bösen Diebe hinein gekommen waren, schickte der Hausherr seinen Sklaven sogleich aus dem Haus / in die Stadt.

Lektion 21

W 1.
τὸ ἔθνος - ὑμέτερος - <u>τὸ στόμα</u> - ἡ ῥῆμα - ἴδιος - ὁ σωτήρ - κρύπτω - <u>ἡ κεφαλή</u> - τὸ ἔργον - <u>ὁ ὀφθαλμός</u> - <u>ἡ χείρ</u> - οὖν - λαμβάνω - ἴδε - οἱ γονεῖς - <u>τὸ γόνυ</u> - ἤδη - ἡ νεφέλη - <u>τὸ πρόσωπον</u> - πρῶτος - εἶμι - <u>ἡ καρδία</u> - ὁ τρόπος - ῥύομαι - ἀναβαίνω - <u>ἡ γλῶσσα</u> - ναί - <u>ἡ ἀκοή</u> - <u>ὁ πούς</u>
Lösung: εὕρισκε ὀλίγην πέτραν = finde einen kleinen Stein

W 2.
πολέμοις (A1-A8) = den Kriegen; λόγους (B1-B6) = die Worte; θύραις (C5-C10) = den Türen; πλήθους (A1-G1) = der Menge; ἀδίκῳ (D2-D6) = dem Ungerechten; κρύπτα (H5-H10) = die Verborgenen / das Vergorgene; σπέρματα (J1-J8) = die Samen; ποδί (A1-D4) = dem Fuß; κακαῖς (I4-I9) = den Schlechten; ζάω (E10-G8) = ich lebe; θησαυρῷ (D8-J2) = dem Schatz; τράπεζας (J10-C10) = die Tische; ταχεῖα (C2-H2) = die schnelle, τέκνα (J10-J8) = die Kinder; ὥραν (D9-G9) = die Stunde; φίλᾳ (C4-F4) = der Befreundeten / Freundin; νεῶν (G6-G) = der neuen / jungen; ἴδιος (B10-B6) = eigen

W 3.
ἔσχον: ἔχω, haben, halten - λήμψομαι: λαμβάνω, nehmen - ἤχθην: ἄγω, führen, treiben, bringen - βέβλημαι: βάλλω, werfen - εἶδον: ὁράω, sehen - εἴρηκα: λέγω, sagen - ἔτεκον: τίκτω, hervorbringen, gebären - ὄψομαι: ὁράω, sehen - εἴρημαι: λέγω, sagen - ἦλθον· ἔρχομαι, kommen - βαλῶ: βάλλω, werfen - εὕρηκα: εὑρίσκω, finden - γέγονα: γί(γ)νομαι, werden, geschehen - εἶπον: λέγω, sagen - ὤφθην: ὁράω, sehen - μαθήσομαι: μανθάνω, lernen - ἐρρέθην: λέγω, sagen

W 4.
σοῦ: Gen. 2. Sgl., Personalpronomen σύ; Gen. Sgl. mask. / neutr. Possessivpronomen σός - ταῦτα: Nom. und Akk. Pl. neutr., Demonstrativpronomen οὗτος - ὧν: Gen. Pl. mask. / fem. / neutr., Relativpronomen ὅς - τίς: Nom. Sgl. mask. / fem., Interrogativpronomen - ἡμῖν: Dat. 1. Pl., Personalpronomen ἡμεῖς - σή: Nom. Sgl. fem., Possessivpronomen σός - τούτοις: Dat. Pl. mask. / neutr., Demonstrativpronomen οὗτος - ᾗτινι: Dat. Pl. fem., generelles Relativpronomen ὅστις - με: Akk. 1. Sgl., Personalpronomen ἐγώ - αὐτόν: Akk. 3. Sgl. mask., Personalpronomen αὐτός - οἷς: Dat. Pl. mask. / neutr., Relativpronomen ὅς - τινός Gen. Sgl. mask. / fem. / neutr. Indefinitpronomen τὶς - ᾧ: Dat. Sgl. mask. / neutr., Relativpronomen ὅς - ἡμετέροις: Dat. 1. Pl. mask. / neutr., Possessivpronomen ἡμέτερος - οὕστινας: Akk. Pl. generelles Relativpronomen ὅστις - αὗται: Nom. Pl. fem., Demonstrativpronomen οὗτος -

ὑμᾶς: Akk. 2. Pl., Personalpronomen ὑμεῖς - τίνες; Nom. Pl. mask. / fem., Interrogativpronomen τίς - ἡμεῖς: Nom. 1. Pl., Personalpronomen - ὅ: Nom. und Akk. Sgl., neutr., Relativpronomen ὅς - τούτου: Gen. Sgl., mask. und neutr., Demonstrativpronomen οὗτος - ἅ: Nom. und Akk. Pl., neutr., Relativpronomen ὅς - ἐμόν: Akk. Sgl. mask. / neutr., Possessivpronomen ἐμός - οὗτινος: Gen. Sgl. mask. / neutr., generelles Relativpronomen ὅστις

W 5.
ἤ: oder, als - ἀλλά: aber, sondern - μή: nicht; dass nicht, damit nicht, um … nicht zu - ὧδε: hier - γάρ: denn, nämlich - εἰ: wenn - καί: und, auch - οὐχ: nicht - νῦν: nun, jetzt - ἕως: solange - πῶς: wie - ναί: ja - οὔτε: und nicht - ἄρτι: jetzt, soeben - δέ: aber - οὕτως: so - μηδέ: und nicht, auch nicht - ἕν: ein - ἐν: in, an, auf *(wo?)*, mit, durch - ἦν: er / sie / es war - εἷς: einer - εἰς: in nach, *(wohin?)* - ἔτι: noch - οὐ: nicht - πάντοτε: immer - τε: und - οὖν: also, folglich - οὐκέτι: nicht mehr - οὐδέ: und nicht, auch nicht

Lektion 22

W 1.

Präposition	Pronomen	Adjektiv	Substantiv	Adverb
ἀπό	τοῦτο	κενός	χαρά	κακῶς
ἐπί	σύ	ὑγιής	τιμή	πάντοτε
χωρίς	οὕς		ὥρα	ἤδη
πρός	ἡμέτερος		τέλος	

W 2.
θέλημα: neutr., τοῦ θελήματος - εὐλογία: fem., τῆς εὐλογίας - ἱερεύς: mask., τοῦ ἱερέως - κοινωνός: mask., τοῦ κοινωνοῦ - κεφαλή: fem., τῆς κεφαλῆς - ἰχθύς: mask., τοῦ ἰχθύος - μήτηρ: fem., τῆς μητρός - νόσος: fem., τῆς νόσου - δόξα: fem., τῆς δόξης - πλοῖον: neutr., τοῦ πλοίου - σπέρμα: neutr., τοῦ σπέρματος - φῶς: neutr., τοῦ φωτός - σωτήρ: mask., τοῦ σωτῆρος - ὄρος: neutr., τοῦ ὄρους - μαθητής: mask., τοῦ μαθητοῦ - λιμός: mask. / fem., τοῦ / τῆς λιμοῦ - κρίσις: fem., τῆς κρίσεως - ἔρις: fem., τῆς ἔριδος - σάρξ: fem., τῆς σαρκός - ἔθνος: neutr., τοῦ ἔθνους

W 3.
Ἡ ἀρχαία σελήνη ἐν οὐρανῷ τὸν καλὸν ἥλιον οὐκ βλέπει.
Der alte Mond am Himmel sieht die schöne Sonne nicht.
Ὁ σαλπίζων ποιμήν πρὸς τοῖς προβάτοις πρωί ἐκάθιζεν.
Der posaunende Hirte saß frühmorgens bei den Schafen.
Ὁ σαλπίζων ποιμήν ἐν τῇ πόλει πρωί ἐκάθιζεν.

Der posaunende Hirte saß frühmorgens in der Stadt.
Ὁ σαλπίζων ποιμήν πρὸ ἐμοῦ μακαρίως ἐκάθιζεν.
Der posaunende Hirte saß glücklich vor mir.
Οἱ φίλοι μαθηταί τὰ ξένα γράμματα πρωί γράψουσιν.
Die befreundeten Schüler werden die fremden Buchstaben frühmorgens schreiben.
Οἱ φίλοι μαθηταί τὸν ἀγαθὸν φίλον ἤκουσαν.
Die befreundeten Schüler hörten den guten Freund.
Ὁ παρερχόμενος ἀνήρ τὸν λίθον βάλλει.
Der vorbeigehende Mann wirft den Stein.
Ὁ σοφὸς διδάσκαλος ἐν τῷ ἱερῷ ἐν μεγάλῳ βιβλίῳ ἀναγινώσκει.
Der weise Lehrer liest im Tempel in einem großen Buch.
Εὐθύς ἐγώ τὸν ἀγαθὸν φίλον ὁρῶ.
Sogleich sehe ich den guten Freund.
Ἐγὼ τὰ ξένα γράμματα πρὸ ἐμοῦ ὁρῶ.
Ich sehe die fremden Buchstaben vor mir.
Νῦν οἱ γονεῖς τὰ ξένα γράμματα γράψουσιν.
Nun werden die Eltern die fremden Buchstaben schreiben.
Οἱ γονεῖς τὸν ἀγαθὸν φίλον μακαρίως ἤκουσαν.
Die Eltern hörten glücklich den guten Freund.
Ὁ κλέπτης ἐν τῷ ἱερῷ ἐκάθιζεν.
Der Dieb saß im Tempel.
Ὁ κλέπτης ἐν τῇ πόλει μακαρίως ἐκάθιζεν.
Der Dieb saß glücklich in der Stadt.
Ὁ κλέπτης πρὸ ἐμοῦ ἐκάθιζεν.
Der Dieb saß vor mir.
Ὁ κλέπτης ἐν μεγάλῳ βιβλίῳ ἀναγινώσκει.
Der Dieb liest in einem großen Buch.

Lektion 23

W 1.

A κακῶς: ist ein Adv., die beiden anderen Formen sind Adj.
B πιστεύομαι: ist kein Deponens
C λαμβάνει: ist Akt., die beiden anderen Formen sind Med.- Pass.
D ἤγετε: ist Imperf., die beiden anderen Formen sind Aor.
E βλέπειν: ist ein Inf., die beiden anderen Formen sind Part.
F ὁδός: ist fem. und gehört der o-Deklination an, die beiden anderen Formen sind neutr. und gehören der 3. Deklination an
G δίκτυα: ist Nom. Pl., die beiden anderen Formen sind Dat. Pl.
H πόλις: gehört der 3. Dekl. an, die beiden anderen Formen der o-Dekl.

W 2.

1. Feuer - 2. Wille - 3. leer - 4. verborgen - 5. Mitsklave - 6. Gemeinschaft - 7. Priester - 8. Sanftmut - 9. Gebet - 10. hinauswerfen - 11. reinigen - 12. bezeugen - 13. antworten - 14. Lügenprophet - 15. Krankheit - 16. Geduld - 17. Heiligung - 18. Wahrheit - 19. Frieden - 20. Teufel
Lösungssatz: Eine Hand wäscht die andere. = Χεὶρ χεῖρα νίπτει.

W 3.

Πάντας εἰς τὴν οἰκίαν / τὸν οἶκον ἔρχεσθαι ἐκέλευσεν. Θησαυροὺς πάντοτε κρύπτειν δεῖ. Μητὴρ τὸ τέκνον βλέψασα / ἰδοῦσα τὸν πατέρα ἐκάλησε(ν) / ἐκαλεῖ. Τῶν τέκνων ἐν τραπέζῃ ἐσθιόντων οἱ γονεῖς εἶπον / ἔλεγον.

W 4.

ἀνά: über … hin, auf - ἀντί: an Stelle von, für - ἀπό: von … weg - γάρ: denn, nämlich - γῆ: Erde - δύο: zwei - δεῖ: es ist nötig, man muss, man soll - ἐάν: wenn - εἰ: wenn - ἐν: an, in, bei, auf, (*wo?*), mit, durch - ἕν: eins (neutr.) - ἤ: oder, als - ἤδη schon - ἵνα: dass, damit, um … zu - καθώς: wie - λύω: lösen - μία: eine (fem.) - μηδέ: und nicht, auch nicht - μηδέν: keines (neutr.) - νυνί: nun, jetzt - ὅς: welcher, der - οὐχ: nicht - οὖν: also, folglich - οὐκ: nicht - πρό: vor - ποῦ: wo - σύ: du - σός: dein - τις: irgendeiner - τίς: wer - ὑπό: von, unter - ὑμεῖς: ihr - φῶς: Licht - χωρίς: ohne - ὧδε: hier - ὥστε: daher, so dass

W 5.

1. C - **2.** A - **3.** A - **4.** B - **5.** A - **6.** B - **7.** C - **8.** A - **9.** C - **10.** B

Lektion 24

W 1.

λύω ⇨ λύσω ⇨ λύσων ⇨ λύσας ⇨ λυθείς ⇨ ἐλύθην ⇨ λέλυμαι ⇨ λέλυκα ⇨ ἔλυον ⇨ ἐλυόμην ⇨ ἐλύοντο ⇨ λυομένη ⇨ λύεσθαι ⇨ λύσεσθαι ⇨ λύσῃ ⇨ λυθήσῃ ⇨ λυθήσεσθε ⇨ λύεσθε ⇨ λύησθε ⇨ λύητε ⇨ λύσητε ⇨ λύσωμεν ⇨ ἐλύσαμεν ⇨ (ἐ)λελύκειμεν / λελυκότες / λελυκυίαι ἤμεθα ⇨ λελύκαμεν

W 2.

ἀδικία - παραβολή - οἰκοδεσπότης - κώμη - ἄγγελος - λύχνος - ὕπνος - ψεύστης - ἱμάτιον - σωτηρία - ἱερόν - ὥρα - ἀγαθός - νεφέλη - νοῦς - ὅρια - ὑποκριτής
Titel: ἀποκάλυψις Ἰωάννου = Offenbarung des Johannes

W 3.

Positiv	Komparativ	Superlativ / Elativ
ὑγιής	βελτίων	μέγιστος
πολύς	ἰσχυρότερος	ἀσθενέστατος
κακός	κάλλιον	κράτιστος
τελεία	σοφώτερος	ὕψιστος

W 4.

ἦν: er / sie / es war - ἥν: welche, die; ἐν: in, an, auf *(wo?)*, durch, mit - ἕν: eins; εἰς: in, nach *(wohin?)* - εἷς: einer; ὤν: seiend, der Seiende - ὧν: deren; ὄν: seiend, das Seiende - ὅν: den, welchen; οὖν: also, folglich - οὐκ: nicht; ἔχω: ich habe, halte - ἔξω: außen, draußen, heraus; μή: nicht; dass nicht, damit nicht, um … nicht zu - μέν: *unübersetzt, meist Ausdruck des Gegensatzes*; οὖς: Ohr - οὕς: die, welche; οὔτε: und nicht - οὐδέν: nichts; οὐσία: Vermögen - οὖσα: seiend, die Seiende

W 5.

ἀκούω	ἀκούσω	ἤκουσα	<u>κακήκοα</u> richtig: ἀκήκοα
hören		ἠκούσθην	<u>κακήκουσμαι</u> richtig: ἤκουσμαι
ὁράω	<u>ὁράσω</u> richtig: ὄψομαι	<u>εἶπον</u> richtig: εἶδον	ἑώρακα
sehen		<u>ὤψην</u> richtig: ὤφθην	ἑώραμαι
λύω	λύσω	ἔλυσα	<u>λέλυχα</u> richtig: λέλυκα
lösen		ἐλύθην	λέλυμαι

Lektion 25

W 1.

ἡ ζωή: ζάω, τὸ ζῷον, ζῳοποιέω
κρίνω: ἡ κρίσις, ὁ κριτής, ἀποκρίνομαι, κατακρίνω
ὁ μάρτυς: μαρτυρέω, τὸ μαρτύριον, ἡ μαρτυρία
τὸ μνῆμα: τὸ μνημεῖον, μνημονεύω, μιμνῄσκομαι
ἡ οἰκία: ὁ οἰκοδεσπότης, οἰκοδομέω, ἡ οἰκοδομή, ὁ οἰκονόμος, ὁ οἶκος, ἡ οἰκουμένη, κατοικέω
παίδεύω: ὁ παῖς, τὸ παιδίον, ἡ παιδίσκη
ψεύδομαι: ὁ ψευδοπροφήτης, τὸ ψεῦδος, ὁ ψευστής

W 2.
κλῶσιν: 3. Pl. Ind. / Konj. Präs. Akt. / Part. Präs. Akt. Dat. Pl. mask. und neutr., κλάω - ηὐλογήσαμεν: 1. Pl. Ind. Aor. Akt., εὐλογέω - κατοικοῦσα: Part. Präs. Akt. Nom. Sgl. fem., κατοικέω - κρατοῦμαι: 1. Sgl. Ind. Präs. Med.-Pass., κρατέω - πλανήσεις: 2. Sgl. Ind. Fut. Akt., πλανέω - ζηλοῖ (2): 3. Sgl. Ind. / Konj. Präs. Akt., ζηλόω - ἠρωτώμεθα: 1. Pl. Ind. Imperf. Med.-Pass., ἐρωτάω - πλουτεῖτε: 2. Pl. Ind. Präs. Akt. und Imperat. Pl. Präs.Akt., πλουτέω - φοβουμένην: Part. Präs. Med.-Pass. Akk. Sgl. fem., φοβέομαι - ἀπελεγεῖτο: 3. Sgl. Ind. Imperf. Med.-Pass., ἀπολογέομαι - πωλεῖσθαι: Inf. Präs. Med.-Pass., πωλέω - φανεροῦτε: 2. Pl. Ind. Präs. Akt. und Imperat. Pl. Präs. Akt., φανερόω

W 3.
ἀνήρ: ἄνδρες - μέτρου: μέτρων - νόσων: νόσου - πράγματι: πράγμασι(ν) - πίστιν: πίστεις - συνδούλους: συνδούλον - προφήτης: προφῆται - φίλοι: φίλος - τιμαῖς: τιμῇ - ψεύδους: ψευδῶν - ὥρας: ὡρῶν / ὥραν - τραπέζᾳ: τραπέζαις - χαρά: χαραί - ἔργα: ἔργον - ἱερέων: ἱερέως - δράκοντι: δράκουσι(ν) - σωτέρα: σωτέρας - σπέρματος: σπερμάτων

W 4.
1. blind - 2. Reichtum - 3. immer - 4. ebenso - 5. fallen - 6. dort - 7. erstgeboren - 8. Stern - 9. Jahr - 10. Aufruhr - 11. Krieg - 12. Opfer - 13. Braut - 14. umherziehen - 15. sehr
Lösungswort: Brief des Jakobus

Lektion 26

W 1.

(λείπω) lassen	λείπσω richtig: λείψω	ἔλιπον ἐλείφθην	λέλοιπα λέλειμμαι
γί(γ)νομαι werden, geschehen, entstehen	γενήσομαι	ἐγινόμην richtig: ἐγενόμην ἐγενήθην	γέγονα γεγένημαι
ἔρχομαι kommen	ἐλεύσομαι	ἠρξάμην richtig: ἦλθον	ἐλήλυθα

λέγω sagen	λέξω richtig: ἐρῶ	εἶπον ἐρρήθην	εἴρηκα εἴρημαι
ὁράω sehen	ὄψομαι	εἶδον ὤφθην	ὥρακα richtig: ἑώρακα ἑώραμαι
φέρω tragen, bringen	οἴσω	ἔφερσον richtig: ἤνεγκον ἠνέχθην	ἐνήνοχα ἐνήνεγμαι
δίδωμι setzen, stellen, legen richtig: geben	δώσω	ἔδωσα richtig: ἔδωκα ἐδόθην	δέδωκα δέδομαι
λαλέω reden, sagen, predigen	λαλέσω richtig: λαλήσω	ἐλάλεσα richtig: ἐλάλησα ἐλαλέθην richtig: ἐλαλήθην	λελάλεκα richtig: λελάληκα λελάλεμαι richtig: λελάλημαι
διώκω verfolgen	διώξω	ἐδίωξα ἐδιώχθην	δεδίωχα δεδίωγμαι
κρύπτω stehlen verbergen	κρύψω	ἔκρυψα ἐκρύφθην	ἐκρυκα richtig: κέκρυφα κέκρυμμαι

W 2.

Verba vocalia	Verba contracta	Verba muta	Verba liquida
μοιχεύει	κολοβῶν	ἔθαψα	καθαίρουσιν
πιστεύειν	ἐλάλησε	πείθετε	κρινεῖς
θεραπευόμενος	εὐχαριστοῦμεν	ἐξήγαγον	μένω
ἐπορεύοντο	κοσμήσουσιν	ἤλπικα	ἀπήγγειλεν
λελύκαμεν		βλέψεις	

W 3.

στεφάνῳ: Dat. Sgl. mask., στέφανος - πρόσωπα: Nom. und Akk. Pl. neutr., πρόσωπον - σφόδρα: Adv. - χωρίζεις: 2. Sgl. Ind. Präs. Akt., χωρίζω - τούτῳ: Dat. Sgl. mask. und neutr., οὗτος - ξενίζων: Part. Präs. Akt. Nom. Sgl. mask., ξενίζω -

παρά: Präp. - ἡγεμόνος: Gen. Sgl. mask., ἡγεμών - ἕξω: 1. Sgl. Ind. Fut. Akt., ἔχω - εἷς: Zahlwort - ἐθεραπεύθη: 3. Sgl. Ind. Aor. Pass., θεραπεύω - εὐθέως: Gen. Sgl. mask. und neutr. / Adv., εὐθύς - δίκαιον: Akk. Sgl. mask. / Nom. und Akk. Sgl. neutr., δίκαιος - διάβολον: Akk. Sgl. mask., διάβολος - ἔχω: 1. Sgl. Ind. Präs. Akt. - ἐάν: Konjunktion - ἀξίου: Gen. Sgl. mask. und neutr., ἄξιος - νεφέλην: Akk. Sgl. fem., νεφέλη - ἤκουον: 1. Sgl. / 3. Pl. Ind. Imperf. Akt., ἀκούω - ἦλθε: 3. Sgl. Ind. st. Aor. Akt., ἔρχομαι - νοῦς: Nom. Sgl. mask. - ὄχλοι: Nom. Pl. mask., ὄχλος - ξύλα: Nom. und Akk. Pl. neutr., ξύλον - ὅλων: Gen. Pl. mask., (fem.), neutr., ὅλος - πλοίοις: Dat. Pl. neutr., πλοῖον - φωνοῦσιν: 3. Pl. Ind. Präs. Akt. / Part. Präs. Akt. Dat. Pl. mask. / neutr., φωνέω - τότε: Adv. - ὑμῶν: Gen. Pl., ὑμεῖς - ψυχῆς: Gen. Sgl. fem., ψυχή - χωρίς: Präp. - οἴσω: 1. Sgl. Ind. Fut. Akt., φέρω - πέμπων: Part. Präs. Akt. Nom. Sgl. mask., πέμπω - εἰς: Präp.

W 4.

1. beenden - 2. ohne - 3. Gnadengabe - 4. Taube - 5. Krankheit - 6. bezeugen - 7. schlafen - 8. Richter - 9. Teufel - 10. auserwählt - 11. Frieden - 12. sehen
Lösung: schon fast perfekt in Griechisch

W 5.

Dann wurden die Kinder zu ihm (herbei-)gebracht, damit er ihnen die Hand (*richtig:* die Hände (Pl.)) auflegte und sie verehrte (*richtig:* und betete (προσεύχομαι = beten)). Die Jünger aber fuhren ihn (*richtig:* sie (Pl.)) an. Jesus aber hatte gesagt (*richtig:* sagte (Aor.)): Lasst die Kinder und haltet sie nicht [davon] ab, zu mir zu kommen, weil (*richtig:* denn (γάρ = denn, nämlich)) die Herrschaft des Himmels ihnen (*richtig:* derartigen (τοιοῦτος = derartiger)) gehört.

Lernvokabelverzeichnis

Lektion 1

ὁ κόσμος	Schmuck, Welt(all)
ὁ λόγος	Wort, Rede, Gespräch, Erzählung, Lehre, Ausspruch, Rechenschaft
ὁ κύριος	Herr
ὁ θεός	Gott
ὁ ἄγγελος	Bote, Engel
ὁ θάνατος	Tod
ὁ διάβολος	Teufel
ὁ ἄνθρωπος	Mensch
ὁ οὐρανός	Himmel
ὁ θρόνος	Thron
ὁ ἥλιος	Sonne
ὁ ἀδελφός	Bruder
ὁ χρόνος	Zeit
ὁ ἀπόστολος	Abgesandter, Bote, Apostel
ὁ κοινωνός	Kamerad
ὁ οἶκος *und* ἡ οἰκία	Haus
ἡ καρδία	Herz
ἡ ψυχή	Seele, Leben
ἡ δόξα	Ehre, Ruhm, Herrlichkeit, Glanz
ἡ ἀδελφή	Schwester
ἡ ἐκκλησία	Gemeinde, Kirche

ἡ συναγωγή	Synagoge
ἡ κοινωνία	Gemeinschaft
τὸ μυστήριον	Geheimnis
τὸ ξύλον	Holz
τὸ χρυσίον	Gold
τὸ ἔργον	Tat, Arbeit, Aufgabe, Werk
τὸ εὐαγγέλιον	Freudenbotschaft, Evangelium
κοινός, κοινή, κοινόν	gemeinschaftlich, gemein(sam)
ἀγαθός, ή, όν	gut
νῦν *und* νυνί	nun, jetzt
καί	und, auch
ἀλλά	aber, sondern
οὐ / οὐκ / οὐχ / οὐχί *und* μή	nicht
ὁ Ἰησοῦς	Jesus
ὁ Χριστός	Gesalbter
εἰμί	sein, leben, da sein

Lektion 2

χαίρω	sich freuen
χαῖρε / χαίρετε	sei / seid gegrüßt
ἡ χαρά	Freude
ἐν + *Dat.*	an, in, bei, auf *(wo?);* mit, durch
πάντοτε	immer
αὐτός, ή, ό (!)	er; selbst; derselbe
λέγω	sagen, reden

ὁ διάκονος	Diener, Helfer
ἡ διακονία	Dienst, Amt
διακονέω	(be)dienen
ὁ φόβος	Furcht
ἡ ἀγάπη	Liebe
ἀγαπάω	lieben
ἀγαπητός, ή, όν	geliebt
τέλειος, α, ον	vollendet, vollkommen
τελειόω	vollenden
ἔξω	außen, draußen, heraus
ἔξωθεν	von außerhalb
βάλλω	werfen
δέ	aber
πρῶτος, η, ον	erster
πρωί	frühmorgens
πρότερος, α, ον	früher
ἔσχατος, η, ον	äußerster, letzter
νεκρός, ά, όν	tot
ἐκ / ἐξ + *Gen.*	aus … heraus, von … her
καθώς	wie
ἐγώ	ich
γάρ	denn, nämlich
ἡ πέτρα	Fels, Stein
ὁ στέφανος	Kranz
ἡ εἰρήνη	Frieden
καθαρός, ά, όν	rein

καθαρίζω	reinigen
(ἀν)αγγέλλω	melden, berichten, verkünden
εὐαγγελίζω	eine freudige Nachricht bringen

Lektion 3

ἄγω	führen, treiben, bringen
ἀπάγω	…………………..
εἰσάγω	…………………..
ἐξάγω	…………………..
προάγω	…………………..
οὖν	also, folglich
ἀπό + *Gen.*	von … weg
εἰς + *Akk.*	in, an, bei, zu, nach *(wohin?);* für
ὑπάγω	fortgehen, zurückkehren
ἡ ἀρχή	Anfang
ἀρχαῖος 3	alt
ὁ υἱός	Sohn
ἰδού *und* ἴδε	*beide:* siehe!, seht!
ἀποστέλλω	absenden, abschicken
πρό + *Gen.*	vor
τὸ πρόσωπον	Gesicht, Anblick, Aussehen
πρός + *Dat.*	bei, in der Nähe *(wo?)*
+ *Akk.*	nach, gegen *(wohin?)*; bei, in Hinsicht auf
δία + *Gen.*	durch
+ *Akk.*	wegen, um … willen
χωρίς + *Gen.*	ohne

ἡ ζωή	Leben
τὸ ζῷον	Lebewesen, Tier
ἡ σκοτία	Finsternis, Dunkelheit
φαίνω	scheinen, leuchten
ὧδε	hier
ἡ ὑπομονή	Geduld
ὑπομένω	aus-, durchhalten
ἅγιος 3	heilig
ὁ ἁγιασμός	Heiligung
ἁγιάζω	Gott weihen, heilig machen

Lektion 4

ὁ μαθητής	Schüler, Jünger
μανθάνω	lernen
ἡ παρρησία	Offenheit
ὁ προφήτης	Prophet
ἡ προφητεία	Weissagung
προφητεύω	weissagen
σοφός 3	weise
ἡ σοφία	Weisheit
ὕστερον	später
λοιπός 3	übrig
ἡ παρθένος	Jungfrau
ἡ ὁδός	Weg
ἡ ἀλήθεια	Wahrheit

ἀληθινός 3	wahr, wahrhaftig
ὁ ἄρτος	Brot
ἡ ἔρημος	Wüste, Einöde
οὐκέτι *und* μηκέτι	nicht mehr
ἔτι	noch
ξένος 3	fremd; Gastfreund
ὁ κριτής	Richter
κρίνω	unterscheiden, urteilen, richten
ὁ ὑποκριτής	Heuchler
ὁ στρατιώτης	Soldat
ἡ βίβλος *und* τὸ βιβλίον	Buch

Lektion 5

κατασκευάζω	erbauen
ὑπό + *Gen.*	von *(beim Pass.)*
+ *Akk.*	unter
ὁ καρπός	Frucht, Ertrag
ἡ δικαιοσύνη	Gerechtigkeit
δικαιόω	rechtfertigen
δίκαιος 3	gerecht
σπείρω	säen
συνάγω	……………………..
σύν + *Dat.*	mit
σταυρόω	kreuzigen
ὁ σταυρός	Kreuz

διαμερίζω	zerteilen
μερίζω	teilen
τὸ ἱμάτιον	Kleid
βούλομαι	wollen
ἡ βουλή	Überlegung, Beschluss
τότε	damals, dann
δύο	zwei
ὁ ἀγρός	Acker, Feld
εἷς, μία, ἕν	einer
οὐδείς, οὐδεμία, οὐδέν *und* μηδείς, μηδεμία, μηδέν	....
παραλαμβάνω	an-, aufnehmen
λαμβάνω	nehmen, ergreifen, empfangen
ὅτι	dass, weil; „ : “
ποῖος 3	welcher?, was für ein?
οἷος 3	wie (beschaffen)
ἡ ἡμέρα	Tag
ἔρχομαι	kommen
ἐκεῖνος, η, ο (!)	jener
γινώσκω	erkennen
ἀναγινώσκω	lesen
ὁ οἰκοδεσπότης	Hausherr
ὁ δεσπότης	Herr
ἡ φυλακή	(Nacht-)Wache
φυλάσσω	bewachen, beobachten

ὁ κλέπτης	Dieb
κλέπτω	stehlen
γίνομαι	werden, geschehen, entstehen
ἕτοιμος 3	bereit
ἑτοιμάζω	bereiten

Lektion 6

σός 3	dein
ἀμήν	amen (wahrhaftig, sicherlich)
ὑμεῖς	ihr
ὁ καιρός	Zeitpunkt, geeignete Zeit
ἐμός 3	mein
οὔπω	noch nicht
πάρειμι	anwesend sein
ἡ παρουσία	Anwesenheit, Ankunft
ὑμέτερος 3	euer
δυνατός 3	stark, vermögend, möglich
δύναμαι	können, imstande sein
ἀδύνατος 2 (!)	kraftlos, unmöglich
τὸ ποτήριον	Becher, Kelch
πλήν	jedoch; außer
ὡς	wie
θέλω *und* ἐθέλω	wollen, wünschen
σύ	du
καινός 3	neu
ἡ διαθήκη	Testament, Willenserklärung

γράφω	schreiben, malen
ἡ γραφή	Schrift
ὁ παράκλητος	Anwalt, Helfer
ἔχω	haben, halten
ὁ ἱλασμός	Sühnung
περί +*Gen.*	über, für
+ *Akk.*	um … herum
ἡ ἁμαρτία	Sünde
ὁ ἁμαρτωλός	Sünder
ἁμαρτάνω	sündigen
ἡμεῖς	wir
ἡμέτερος 3	unser
οὐ μόνον … ἀλλὰ καί	nicht nur … sondern auch
μόνον	nur
μόνος 3	allein, einzig
ὅλος 3	ganz

Lektion 7

ὅς, ἥ, ὅ	welcher, der
οὐδέ *und* μηδέ	und nicht, auch nicht
ἄρα	also, folglich
πιστός 3	treu, gläubig, zuverlässig
πιστεύω	glauben
ἄπιστος 2 (!)	ungläubig, unglaubhaft
ἡ ἀπιστία	Unglaube, Untreue

ὁ δοῦλος	Sklave, Diener
ὁ σύνδουλος	………………………
φρόνιμος 2 (!)	verständig, klug
φρονέω	denken, sorgen für
ἐπί + *Gen.*	auf, an, bei, vor, über *(wo?);*
+ *Dat.*	auf, an, bei *(wo?);*
+ *Akk.*	über, auf, zu, nach, gegen *(wohin?)*
ἡ τροφή	Speise
θερίζω	ernten
τρέφω	nähren
ἡ ἄμπελος	Weinstock
ὁ γεωργός	Bauer
ἤδη	schon
(ἐπι)μένω	bleiben
κἀγώ	und ich, auch ich
οὗτος, αὕτη, τοῦτο	dieser
διαλογίζομαι	überlegen
ὁ διαλογισμός	Überlegung, Gedanke
λογίζομαι	bewerten, überlegen, meinen
ἀκούω + *Gen.* / *Akk.*	hören
ναί	ja
ἀποκρίνομαι	antworten
ἕως	solange
ἄρτι	jetzt, soeben
ἐργάζομαι	arbeiten, bewirken, verrichten
ὁ ἐργάτης	Arbeiter

Lektion 8

αὐξάνω	wachsen, vermehren
πληθύνω	vermehren
ὁ ἀριθμός	Zahl
σφόδρα	sehr
πολύς,πολλή,πολύ πολλοῦ, -ῆς, -οῦ, *Akk. Sgl. mask.:* πολύν	viel
πολλάκις	oft
τε	und *(nachgestellt)*
ὁ ὄχλος	Volk(smenge)
ὑπακούω	gehorchen
ἡ ὑπακοή	Gehorsam
ἡ ἀκοή	Ohr, Gerücht
ἀναβαίνω	hinaufgehen, ziehen, reisen
ἀνά + *Akk.*	über … hin, auf
ἄνωθεν	von oben
ἀνάγω	………………………
ἐμβαίνω	………………………
μεταβαίνω	hinübergehen
τὸ ἱερόν	Tempel
ἡ ὥρα	Zeit, Stunde
ἡ προσευχή	Gebet
ἐξέρχομαι	……………………...……
ἀπέρχομαι	……………….....………
διέρχομαι	………………………

εἰσέρχομαι	………………………
προσέρχομαι	………………………
συνέρχομαι	………………………
ὁ τόπος	Ort
κἀκεῖ	………………………
ἐκεῖ	dort
προσεύχομαι	beten, erbitten
ἡ παραβολή	Gleichnis
πῶς	wie
ὁ σατανᾶς	Satan
ἐκ-βάλλω	………………………
μέγας, μεγάλη, μέγα μεγάλου, -ης, -ου *Akk. Sgl. mask.:* μέγαν	groß
ἀμφότεροι 3	beide, alle zusammen

Lektion 9

τὸ καύχημα, ατος	Loblied
ἡ καύχησις, εως	das Rühmen
καυχάομαι	rühmen, preisen
ἡ ἔρις, ιδος *Akk.:* τὴν ἔριν	Streit
ἡ σάλπιγξ, ιγγος	Trompeten
σαλπίζω	posaunen
ἡ χάρις, ιτος *Akk.:* τὴν χάριν	Anmut, Gnade, Dank
ὁ ποιμήν, ένος	Hirte

ποιμαίνω	weiden
ὁ δράκων, οντος	Drache
ἡ δύναμις, εως	Kraft, Macht, Fähigkeit
ἡ ἰσχύς, ύος	Kraft, Macht
ἡ πίστις, εως	Treue, Zuverlässigkeit, Glaube
ἡ ἐλπίς, ίδος	Hoffnung
ἐλπίζω	hoffen
ὁ ἱερεύς, έως	Priester
ὁ ἀστήρ, έρος	Stern
ὁ σωτήρ, ῆρος	Erretter, Heiland
ἡ σωτηρία	Rettung, Heil, Erlösung
ἡ σάρξ, σαρκός	Fleisch
τὸ χάρισμα, ατος	Gnadengabe
χαρίζομαι	schenken, vergeben, verzeihen
ὁ ἄρχων, οντος	Herrscher
τὸ ὄρος, ους	Berg
τὸ ἔθνος, ους	Volk, *Pl.:* Heiden
τὸ μέρος, ους	(An-)Teil
ὁ ἰχθύς, ύος	Fisch
ὁ βασιλεύς, έως	König
ἡ πόλις, εως	Stadt

Lektion 10

μακάριος 3	glücklich, selig
ὁ πτωχός	der Arme

τὸ πνεῦμα, ατος	Geist, Atem
πνευματικός 3	geistig, geistlich
ἡ βασιλεία	Königsherrschaft, -reich
βασιλεύω	(als König) herrschen
ὁ λύχνος	Lampe
τὸ σῶμα, ατος	Körper
ὁ ὀφθαλμός	Auge
ἡ μακροθυμία	Ausdauer, Geduld
μακροθυμέω	geduldig warten, ~ sein
ἡ χρηστότης, ητος	Güte, Milde
ἡ ἀγαθωσύνη	Rechtschaffenheit
ἡ πραΰτης, ητος	Sanftmut
ἡ ἐγκρατεία	Enthaltsamkeit
κατά + *Gen.*	von ... herab, über
+ *Akk.*	durch, hinsichtlich, gemäß
κατέρχομαι	....
τοιοῦτος, -αύτη,-οῦτο	derartig
τοσοῦτος,-αύτη,-οῦτο	so groß, so viel
ὁ νόμος	Gesetz
νομίζω	meinen
ἡ ἀνομία	Ungesetzlichkeit, Ungerechtigkeit, Sünde
ἔμπροσθεν + *Gen.*	vor; vorne, vorwärts *(Adv.)*
πᾶς, πᾶσα, πᾶν παντός,πάσης, παντός	jeder, ganz; *Pl.:* alle
ἅπας 3	jeder, ganz; *Pl.:* alle
ἀφορίζω	trennen, auswählen
ἀλλήλων 3	einander, gegenseitig

ἄλλος, η, ο (!)	ein anderer
ὥσπερ	wie
τὸ πρόβατον	Kleinvieh, Schaf
ἐπάνω + *Gen.*	über; oben, oberhalb, mehr *(Adv.)*
ἡ κεφαλή	Kopf, Haupt
ἡ αἰτία	Ursache, Grund
αἰτέω	fordern, verlangen, bitten
ὁ πατήρ, πατρός	Vater
ἡ εἰκών, όνος	Bild, Aussehen, Gestalt
ἀόρατος 2 (!)	unsichtbar
πρωτότοκος 2 (!)	erstgeboren
ἡ κτίσις, εως	Ordnung, Schöpfung
κτίζω	erschaffen

Lektion 11

ποιέω	tun, machen
ζῳοποιέω	lebendig machen
οἰκοδομέω	(er)bauen
ἡ οἰκοδομή	Bau, Gebäude
ὁ σῖτος	Weizen
ῥύομαι	erretten
πονηρός 3	böse, schlimm
σῴζω	heilen, retten, bewahren
ἐπουράνιος 2 (!)	himmlisch
ὁ αἰών, ῶνος	Ewigkeit, Zeitalter

αἰώνιος 2 (!)	ewig
πέμπω	schicken
τὸ ὄνομα, ατος	Name
ὀνομάζω	(be)nennen
διδάσκω	lehren
ἡ διδασκαλία *und* ἡ διδαχή	Lehre, Unterweisung
ὁ διδάσκαλος	Lehrer
ἀπαγγέλλω	melden, berichten
τὸ εἴδωλον	Götze(nbild)
δουλεύω	Sklave sein, dienen, gehorchen
ἐκλεκτός 3	auserwählt
ἐκλέγομαι	sich erwählen
κολοβόω	abkürzen
σκανδαλίζω	Anstoß geben, ärgern, *jmd.* empören
τὸ σκάνδαλον	Anstößiges, Anlass zur Sünde
ἡ νύξ, νυκτός	Nacht
πατάσσω	(er)schlagen
τὸ σημεῖον	Zeichen
ἡ σελήνη	Mond
ἡ σκηνή	Zelt
μετά + *Gen.*	zwischen, mit
μετά + *Akk.*	nach
ὁ λαός	Volk
τὸ δάκρυον	Träne
οὔτε *und* μήτε	und nicht
οὔτε ... οὔτε *und*	weder … noch

μήτε ... μήτε	
τὸ πένθος, ους	Klage, Trauer
ἡ κραυγή	Geschrei
ὁ πόνος	Mühe, Arbeit

Lektion 12

μωρός 3	töricht
ἰσχυρός 3	stark, mächtig
ἰσχύω	stark ~, gesund ~, mächtig sein
ὅτε	als
νέος 3	neu, jung
περιπατέω	gehen, leben
ὅπου	wo, wohin
οὐδαμῶς	keineswegs
ὁ ἡγεμών, ονός	Statthalter, Herrscher
ἡγέομαι	führen, meinen, glauben, halten für
φωνέω	herbeirufen, anreden
ἡ φωνή	Laut, Stimme, Geräusch
καλῶς	gut
καλός 3	schön, angenehm, sittlich gut
ἡ γυνή, αικός	Frau
τὰ ὅρια	Grenzen, Gebiet
κράζω	schreien, rufen
ἡ θυγάτηρ, τρός	Tochter
κακῶς	böse, schlecht

κακός 3	böse, schlecht
ἡ κακία	Bosheit, Übel
δαιμονίζομαι	von einem Dämon besessen sein
τὸ δαιμόνιον	Gottheit, Dämon
ὅσος 3	wie groß, wie viel
πόσος 3	wie groß?, wie viel?
τὸ φῶς, φωτός	Licht
φωτίζω	(er)leuchten
σιγάω	schweigen
ὁ κόπος	Mühe, Arbeit
κενός 3	leer
οἶδα	wissen, kennen
μικρός 3	klein, gering
ἡ ζύμη	Sauerteig
κρυπτός 3	verborgen
κρύπτω	verbergen
φίλος 3	befreundet; Freund
φιλέω	lieben
ὀλίγος 3	wenig, klein, unbedeutend

Lektion 13

περιάγω	umherziehen
κηρύσσω	verkünden, bekannt machen, predigen, lehren
θεραπεύω	dienen, heilen
ἡ νόσος	Krankheit
μέν	*nachgestellte Partikel, z. T. unübersetzt*

ὁ μέν ... ὁ δέ	der eine … der andere aber; zwar … aber; einerseits … andererseits
τὸ ὕδωρ, ατος	Wasser
βαπτίζω	taufen
ὁ βαπτιστής	Täufer
τὸ βάπτισμα, ατος	Taufe
λύω	lösen
ἀπολύω	loslassen
καταλύω	zerstören, auflösen, vernichten
τὸ ὑπόδημα, ατος	Sandale
δέω	binden
ὁ δέσμιος	Gefangener
ὁ δεσμός	Band, Fessel
τὸ πῦρ, ός	Feuer
ἐπαισχύνομαι + *Akk.*	sich *wegen jmd.* schämen
πρῶτον	zuerst
ἀποκαλύπτω	offenbaren
ἡ ἀποκάλυψις, εως	Offenbarung
ἡ θύρα	Tür
ἡ αὐλή	Hof
ὁ λῃστής	Räuber
ἀνοίγω	öffnen
ἴδιος 3	eigen
γυμνός 3	nackt
κακόω	plagen, quälen
ἡ μήτηρ, μητρός	Mutter

θαυμάζω	sich wundern, bewundern
λαλέω	reden, sagen, predigen
κάθημαι	sich setzen, sitzen
δέξιος 3	rechts

Lektion 14

προσκαλέομαι	herbeirufen
πάλιν	zurück, ferner, wieder
δέομαι + *Gen.*	*jmd.* bitten
ἡ δέησις, εως	Bitte, Gebet
ἀδικέω	ungerecht sein, im Unrecht sein
ἄδικος 2 (!)	ungerecht
ἡ ἀδικία	Ungerechtigkeit, Unrecht
ἡ ἀσθένεια	Schwäche, Krankheit
ἀσθενέω	schwach ~, krank sein
ὁ πειρασμός	Prüfung, Versuchung
πειράζω	versuchen, auf die Probe stellen
ἐξουθενέω	verachten
τυφλός 3	blind
ἀναβλέπω	sehend werden
βλέπω	sehen
οἱ γονεῖς, ῶν	Eltern
παράγω	vorbeigehen
ἐκεῖθεν	von dort
ἀκολουθέω	nachfolgen
ἐλεέω	sich erbarmen, Mitleid haben

τὸ ἔλεος, ους	Mitleid, Erbarmen
ἡ ἐλεημοσύνη	Wohltat, Almosen
ἡ χείρ, χειρός	Hand
Dat. Pl.: χερσί(ν)	
ἐπιστρέφω	zuwenden, sich wenden
στρέφω	wenden
τὸ οὖς, ὠτός	Ohr
ἐξαποστέλλω	aussenden, fortschicken
ἕως + *Gen.*	bis (zu)
πορεύομαι	reisen, gehen
εἰσπορεύομαι	....
ἐκπορεύομαι	....
ἡ κώμη	Dorf
δέχομαι	annehmen, empfangen
προσδέχομαι	aufnehmen

Lektion 15

εὐθύς *und* εὐθέως	sofort, sogleich *(Adv.)*
εὐθύς, εῖα, ύ	gerade, aufrichtig
σχίζω	zerreißen, spalten
ἡ περιστερά	Taube
καταβαίνω	herabkommen, -gehen, -steigen, -fallen
κάτω	(nach) unten
προσκυνέω + *Dat.*	*jmd.* anbeten
τελευτάω	sterben
ἀσθενής, ές	schwach, krank

ὑπέρ + *Gen.*	für, wegen
+ *Akk.*	über … hinaus
ἀποθνῄσκω	sterben
γένναω	erzeugen, gebären, *Pass.:* geboren werden
τὸ γένος, ους	Geschlecht, Nachkommenschaft, Herkunft, Volk, Gattung
ἡ γένεσις, εως	Geburt, Entstehung, Dasein
ἡ γενεά	Geschlecht, Nachkommenschaft, Generation, Zeit
συγγενής, ές	verwandt
ὁ μάγος	Magier
ἡ ἀνατολή	Osten
παραγίνομαι	herankommen
ἡ χώρα	Land
τὸ χωρίον	Grundstück, Landgut
χωρίζω	absondern, trennen, scheiden
μακρός 3	lang, weit entfernt
ἡ οὐσία	Vermögen
ζάω	leben
ὁ / ἡ λιμός	Hunger
τὸ ἔτος, ους	Jahr
ἡ ἡγεμονία	Herrschaft
ὁ τρόπος	(Sinnes-)Art
ὁ ἄνεμος	Wind
ταχύς, εῖα, ύ	schnell
ταχέως	rasch, sogleich
ὑγιής, ές	gesund

ὑγιαίνω	gesund sein
τὸ μέτρον	Maß
μετρέω	messen

Lektion 16

ὁ γάμος	Ehe, Hochzeit(sfeier)
γαμέω	heiraten
καλέω	rufen, vorladen
ἡ κλῆσις, εως	Berufung
κλητός 3	eingeladen, berufen
ἄξιος 3	würdig
παρά + *Gen.*	von … her
+ *Dat.*	neben, bei, unter
+ *Akk.*	vorbei an, neben, bei, wider
παρέρχομαι	....
παρακαλέω	bitten, auffordern, trösten
ἡ παράκλησις, εως	Ermunterung, Zuspruch, Bitte
τὸ θέλημα, ατος	Wille
ἡ περιτομή	Beschneidung, die Beschnittenen, Juden
περιτέμνω	beschneiden
ἡ ἀκροβυστία	der Unbeschnittene, Heide
ἡ ἐντολή	Gebot, Befehl
ἐντέλλομαι	befehlen
εἴτε … εἴτε	sei es … oder
ἐλεύθερος 3	frei

ἡ ἐλευθερία	Freiheit
ἐλευθερόω	befreien
ὁ τύπος	Spur, Vor-, Urbild
τύπτω	schlagen
τὸ στόμα, ατος	Mund
ἅπτομαι + *Gen.*	*jmd.* anfassen
ὁ θησαυρός	Schatz
ὁ σεισμός	Erdbeben
μισέω	hassen
τὸ πάθος, ους	Leidenschaft
τὸ πάθημα, ατος	Leid, Unglück, Leidenschaft
πάσχω	(er)leiden

Lektion 17

τις, τι *(enkl.)*	irgendeiner, irgendetwas
ὁ φιλόσοφος	Philosoph
τίς, τί	wer?, was?
σπλαγχνίζομαι	sich erbarmen, Mitleid empfinden
τὰ σπλάγχνα	Eingeweide, Herz, Liebe, Erbarmen
τὸ ἔλαιον	Öl
ἡ ἐλαία	Ölbaum
ὁ οἶνος	Wein
δεῖ	es ist nötig, man muss, ~ soll
ὑψόω	erhöhen
ὑψηλός 3	hoch, erhaben
ὕψιστος 3	höchster, erhabenster

κελεύω	befehlen
τὸ τέκνον	Kind
ἐπιθυμέω	wünschen, begehren
ἡ ἐπιθυμία	Verlangen, Begierde
ὁ θυμός	Zorn, Leidenschaft
ἕκαστος 3	jeder
ἡ σπουδή	Eile, Eifer
σπουδάζω	sich beeilen
ἄχρι + *Gen.*	bis
τὸ τέλος, ους	Ende
τελέω	beenden
πείθω	überreden, -zeugen, *Pass.:* sich überreden lassen
σεαυτοῦ, -ῆς	*Reflexivpronomen 2. Sgl.*
ἐμαυτοῦ, -ῆς	*Reflexivpronomen 1. Sgl.*
τὸ σκότος, ους	Finsternis
ἑαυτοῦ, -ῆς, -οῦ	*Reflexivpronomen 3. Sgl.*
ἑαυτῶν, -ῶν, -ῶν	*Reflexivpronomen 1./2./3. Pl.*
ὁ οἰκονόμος	Verwalter
ἀφαιρέω	wegnehmen
ἡ οἰκονομία	Verwaltung
ὅστις, ἥτις, ὅ τι	jeder, der; *Pl.:* alle, die

Lektion 18

περιβάλλω	umlegen, anziehen
ὁ λίθος	Stein
τίμιος 3	wertvoll

τιμάω	schätzen, ehren
ἡ τιμή	Preis, Ehre
γέμω + *Gen.*	voll sein von
ἀκάθαρτος 2 (!)	unsauber, -rein, schamlos
ἡ ἀκαθαρσία	Schmutz, Unsittlichkeit, Schamlosigkeit
ὁ στασιαστής	Aufrührer
ἡ στάσις, εως	Aufruhr
ὁ φόνος	Mord
φονεύω	töten
ὁ ἐπιστάτης	Meister
ἡ νεφέλη	Wolke
βέβαιος 3	fest, zuverlässig
ἡ ἐπαγγελία	Versprechen, Verheißung
ἐπαγγέλλομαι	verheißen, versprechen
τὸ σπέρμα, ατος	Same
τίκτω	hervorbringen, gebären
ζητέω	suchen
εὑρίσκω	finden
νικάω	(be)siegen
ἡ δωρεά	Geschenk
τὸ δῶρον	Gabe
σέβομαι	verehren
ἡ εὐσέβεια	Frömmigkeit

Lektion 19

καθεύδω	schlafen
γρηγορέω	wach(sam) sein
ἔξεστιν	es ist möglich, ~ erlaubt
ἤ	oder, als
φανερόω	offenbaren, *Pass.*: sichtbar ~, bekannt werden
φανερός 3	offenbar
μονογενής, ές	einzig (erzeugt)
ἵνα + *Konj.*	dass, damit, um ... zu
μή + *Konj.*	dass nicht, damit nicht, um … nicht zu
εἰ μή	wenn nicht, außer
θύω	opfern
ἡ θυσία	Opfer
τὸ θυσιαστήριον	Altar
περισσός 3	reichlich, überflüssig
περισσεύω	im Überfluss vorhanden sein, reich sein
οὐ μή + *Konj.Aor./Ind.Fut.*	nicht *(stärkste Verneinung zukünftigen Geschehens)*
νίπτω	waschen
ὁ πούς, ποδός	Fuß
ὄντως	in Wahrheit, wirklich
ἐάν	wenn
ἡ φύσις, εως	Natur
ὁ ἀνήρ, ἀνδρός	Mann
ἡ ἀτιμία	Schande, Unehre

εἰ	wenn
ποῦ	wo?, wohin?
ἄν	*unübersetzt*
ἀπολογέομαι	sich verteidigen
ἡ τράπεζα	Tisch
ὁ μάρτυς, μάρτυρος	Zeuge
ἡ μαρτυρία *und* τὸ μαρτύριον	Zeugnis
μαρτυρέω	bezeugen
ἡ γλῶσσα	Zunge, Sprache

Lektion 20

παύω	aufhören lassen, *Med.:* aufhören
τὸ δίκτυον	Netz
κοπιάω	müde werden, sich plagen
τὸ ῥῆμα, ατος	Wort, Ausspruch; Sache
τὸ πλῆθος, ους	Menge
πλήρης, ες	voll(ständig)
πληρόω	(er)füllen, vollenden
τὸ πλήρωμα, ατος	Fülle, Erfüllung
ἕτερος 3	der andere
τὸ πλοῖον	Schiff
ὥστε + AcI	daher; so dass
τὸ γόνυ, ατος	Knie
ὁ θάμβος	Staunen, Schrecken
περιέχω	erfassen, befallen

συλλαμβάνω	nehmen, ergreifen, empfangen
ὁμοίως	ebenso
φοβέομαι	sich fürchten
κατάγω	herabführen, *hier:* an Land bringen
ἡ γῆ	Erde
κοσμέω	in Ordnung bringen, schmücken
ὁ πόλεμος	Krieg
τὸ ὅραμα, ατος	das Geschaute, Gesicht
ὁράω	sehen
ἐνεργέω	(be)wirken
ἡ πορνεία	Unzucht
ἡ πόρνη	Hure
ὁ πόρνος	Hurer
μιμνῄσκομαι	sich erinnern, bedenken
τὸ μνῆμα,ατος *und* τὸ μνημεῖον	Grab
μνημονεύω	sich erinnern

Lektion 21

καθίζω	sich setzen, sitzen
ὁ γραμματεύς, έως	Schriftgelehrter
τὸ γράμμα, ατος	Buchstabe, Brief, *Pl.:* Schriften
ἡ μοιχεία	Ehebruch
μέσος 3	mitten
μοιχεύω	Ehebruch begehen
λιθάζω	steinigen

κατηγορέω + *Gen.*	klagen
κύπτω	sich bücken
τὸ δάκτυλον	Finger
ἐρωτάω	fragen
ἄρχω	herrschen, *Med.:* beginnen
ὁ πρεσβύτερος	der Älteste *(Mitglied des Ältestenrates)*
καταλείπω	ver-, zurücklassen
λείπω	lassen
κατακρίνω	verurteilen
ἀντί + *Gen.*	an Stelle von, für
ἡ εὐχαριστία	Danksagung, Dankbarkeit
εὐχαριστέω	dankbar sein, Dank sagen
πωλέω	verkaufen
παλαιός 3	alt
ἡ εὐλογία	Lob, Preis
εὐλογέω	preisen, Dank sagen, segnen, Gutes wünschen
λευκός 3	weiß
τὸ αἷμα, ατος	Blut
τὸ ψεῦδος, ους	Lüge
ψεύδομαι	lügen
ὁ ψεύστης	Lügner
ὁ ψευδοπροφήτης	Lügenprophet

Lektion 22

ἐγγίζω	sich nähern
ἐγγύς	nahe *(Adv.)*

ἐξαίφνης	plötzlich
πίπτω *st. Aor.* ἔπεσον	fallen
διώκω	verfolgen
θεωρέω	zu-, ansehen
ἐγείρω	auf-, erwecken; *Pass.:* wach werden, auferstehen
ἐσθίω *st. Aor.* ἔφαγον	essen
πίνω *st. Aor.* ἔπιον	trinken
ἀγνοέω	nicht kennen, nicht verstehen
νοέω	erkennen, verstehen, bedenken
ὁ νοῦς *Gen.:* νοός, *Dat. :* νοί, *Akk. :* νοῦν	Verstand, Vernunft, Gesinnung, Meinung
μετανοέω	Sinn ändern, sich bekehren
ἡ μετάνοια	Sinnesänderung, Reue
κρατέω	festnehmen, fassen, halten
τὸ κράτος, ους	Kraft, Stärke
ὁ παντοκράτωρ,ορος	....
πλανάω	in die Irre führen, betrügen
ἡ πλάνη	Irrtum, Täuschung
ζηλόω	sich eifrig bemühen, eifersüchtig sein
ὁ ζῆλος	Eifer(sucht)
θεάομαι	betrachten, sehen
χρυσοῦς 3	golden
ὁ πλοῦτος	Reichtum
πλούσιος 3	reich
πλουτέω	reich sein

Lektion 23

γνωρίζω	offenbaren, kundmachen
ἡ γνῶσις, εως	Erkenntnis
γνωστός 3	bekannt
ἡ ἀναστροφή	Lebensart, Wandel
ποτέ *(enkl.)*	einst, jemals
πότε	wann?
οὐδέποτε *und* μηδέποτε	niemals
ἡ ὑπερβολή	Übermaß
περισσοτέρως	mehr, sehr
ὑπάρχω	(da) sein
πατρικός 3	väterlich
ἡ παράδοσις, εως	Überlieferung, Lehre
εὐδοκέω	Gefallen haben, mögen
δοκέω	meinen, scheinen
ἡ κοιλία	Bauch, Mutterleib
ὁ ποταμός	Fluss
θάπτω	begraben
ἡ οἰκουμένη	bewohnte Erde
κατοικέω	(be)wohnen
τὸ πράγμα, ατος	Tat, Handlung, Sache
πράσσω	tun, betreiben
ἡ νύμφη	Braut
ἡ βλασφημία	Schmährede, Lästerwort

βλασφημέω	lästern, verleumden
ἡ ἐπιστολή	Brief
ὁ ἵππος	Pferd

Lektion 24

τὸ σάββατον	Sabbat, Woche
κλάω	brechen
διαλέγομαι	sich unterreden, reden, sprechen, predigen
μέλλω + *Inf.*	wagen, zaudern, müssen
ἐπαύριον	morgen
παρατείνω	ausdehnen
μέχρι + *Gen.*	bis
ἱκανός 3	hinreichend, geeignet
ὁ νεανίας	Jüngling
ὁ ὕπνος	Schlaf
βαθύς, εῖα, ύ	tief
αἴρω	auf-, erheben, nehmen
ἐπιπίπτω	sich werfen über
θορυβέομαι	in Unruhe geraten, sich beunruhigen
γεύομαι	kosten, schmecken
οὕτως	so, derart
ὁ παῖς, παιδός *und* τὸ παιδίον	Kind
παιδεύω	erziehen
ἡ παιδισκή	Magd
ὁ ὅρκος	Eid

τὸ μελος, ους	Glied
φέρω	tragen, bringen
ἀναφέρω	....
διαφέρω	....
προσφέρω	....
συμφέρω	....

Lektion 25

ὁ ἀμπελών, ῶνος	Weinberg
φυτεύω	pflanzen
δέρω	prügeln
ἀποκτείνω	töten
ὁ κληρονόμος	der Erbe
κληρονομέω	erben
ὁ κλῆρος	Los, Anteil, Erbteil
δεῦτε	kommt her!, wohlan!
ἡ κληρονομία	das Erbe
δίδωμι	geben
δείκνυμι	zeigen
φημί	sagen
ἡ σφραγίς, ῖδος	Siegel
σφραγίζω	mit einem Siegel verschließen, sichern
ἡ ἀνάστασις, εως	Auferstehung
λατρεύω	dienen, verehren
ἡ πρόθεσις, εως	Vorsatz

Lektion 26

ὁ ἀρχιερεύς, εως	Hohepriester
θερμαίνομαι	sich wärmen
ἐμβλέπω	hin-, ansehen
(ἀπ)ἀρνέομαι	verleugnen
ἐπίσταμαι	wissen, verstehen, kennen
ὁ ἀλέκτωρ, ορος	Hahn
ἀληθῶς	in Wahrheit, wirklich
ἀληθής, ές	wahr, recht
ἀναθεματίζω	(ver)fluchen
τὸ ἀνάθεμα, ατος	Verfluchung
ὀμνύω	schwören
δεύτερος 3	der zweite
πρίν + *AcI*	bevor
δίς	zweimal
τρίς	dreimal
ἐπιβάλλω	werfen auf, sich stürzen auf
κλαίω	weinen, klagen
ἡ πύλη *und* ὁ πυλών, ῶνος	Tor
τὸ δένδρον	Baum
ὅμοιος 3	gleich
ὁμοιόω	gleichmachen
ὁμολογέω	zugeben, gestehen
τὸ ἔθος, ους	Sitte, Brauch

ἡ θάλασσα	Meer
ὁ παραλυτικός	der Gelähmte
ἅπαξ	einmal
τρεῖς, τρία	drei
τέσσαρες, τέσσαρα	vier
πέντε	fünf
ἕξ	sechs
ἑπτά	sieben
ὀκτώ	acht
ἐννέα	neun
δέκα	zehn
ἑκατόν	100
χίλιοι, αι, α	1.000
μύριοι, αι, α	10.000

Lektion 27

ταπεινόω	demütigen, erniedrigen
ἐκκόπτω	ausrotten, beseitigen
τὸ θαῦμα, ατος	Wunder
ὁρίζω	festsetzen, bestimmen
ἡ ἁγιωσύνη	Heiligung
ἡ ἀποστολή	Apostelamt
ἡ ἀγορά	Marktplatz, Agora
ὁ ναός	Tempel
ἀνθρώπινος 3	....
πίμπλημι	erfüllen

κεῖμαι	liegen
ἡ εὐδοκία	guter Wille, Wohlgefallen
κινέω	bewegen, schütteln
βοάω	schreien, laut rufen
ἄφίημι	(ent)lassen, vergeben
ἡ γαστήρ, γαστρός	Bauch
ἐνώπιον + *Gen.*	vor
κατεσθίω *st. Aor.* κατέφαγον	verschlingen
ὁ ῥάβδος	Stab
ἁρπάζω	rauben, entrücken
φεύγω *st. Aor.* ἔφυγον	fliehen
ὁ ὄφις, εως	Schlange
ἡ ἐξουσία	Macht, Gewalt, Herrschaft
τὸ ἀρνίον	Lamm
εὐφραίνω	erfreuen, *Pass.:* sich freuen
πενθέω	klagen, trauern
πεινάω	hungern
διψάω	dürsten
χορτάζω	sättigen, *Pass.:* satt werden
ἕνεκεν + *Gen.*	wegen
σήμερον	heute
εἰσφέρω	……………………

Stammformenverzeichnis

Stammformen mit starken Aoristen

ἁμαρτάνω	ἁμαρτήσω	ἥμαρτον	ἡμάρτηκα
sündigen		ἡμαρτήθην	ἡμάρτημαι
ἄγω	ἄξω	ἤγαγον	ἦχα
führen, treiben, bringen		ἤχθην	ἦγμαι
εὑρίσκω	εὑρήσω	εὗρον	εὕρηκα
finden		εὑρέθην	εὕρημαι
ἔχω	ἕξω	ἔσχον	ἔσχηκα
haben, halten; *Imperf.:* εἶχον			ἔσχημαι
βάλλω	βαλῶ	ἔβαλον	βέβληκα
werfen		ἐβλήθην	βέβλημαι
γί(γ)νομαι	γενήσομαι	ἐγενόμην	γέγονα
werden, geschehen		ἐγενήθην	γεγένημαι
ἔρχομαι	ἐλεύσομαι	ἦλθον	ἐλήλυθα
kommen			
λαμβάνω	λήμψομαι	ἔλαβον	εἴληφα
nehmen		ἐλήμφθην	εἴλημμαι

λέγω	ἐρῶ	εἶπον	εἴρηκα
sagen		ἐρρέθην	εἴρημαι
μανθάνω	μαθήσομαι	ἔμαθον	μεμάθηκα
lernen			
ὁράω	ὄψομαι	εἶδον	ἑώρακα
sehen		ὤφθην	ἑώραμαι
πάσχω	πείσομαι	ἔπαθον	πέπονθα
(er)leiden			
τίκτω	τέξομαι	ἔτεκον	τέτοκα
hervorbringen, gebären			
ἀκούω	ἀκούσω	ἤκουσα	ἀκήκοα
hören		ἠκούσθην	ἤκουσμαι
λείπω	λείψω	ἔλιπον	λέλοιπα
lassen		ἐλείφθην	λέλειμμαι
ἀποθνήσκω	ἀποθανοῦμαι	ἀπέθανον	τέθνηκα
sterben			
φέρω	οἴσω	ἤνεγκον	ἐνήνοχα
tragen, bringen		ἠνέχθην	ἐνήνεγμαι

πίπτω	πεσοῦμαι	ἔπεσον	πέπτωκα
fallen			

Stammformen der Verba contracta

λαλέω	λαλήσω	ἐλάλησα	λελάληκα
reden, sagen, predigen		ἐλαλήθην	λελάλημαι
νικάω	νικήσω	ἐνίκησα	νενίκηκα
(be)siegen		ἐνικήθην	νενίκημαι
τελειόω	τελειώσω	ἐτελείωσα	τετελείωκα
vollenden		ἐτελειώθην	τετελείωμαι

Stammformen der Verba muta

Dentalstamm

πείθω	πείσω	ἔπεισα	πέπεικα
überreden, überzeugen		ἐπείσθην	πέπεισμαι

Gutturalstamm

διώκω	διώξω	ἐδίωξα	δεδίωχα
(ver)folgen		ἐδιώχθην	δεδίωγμαι

Labialstamm

κρύπτω	κρύψω	ἔκρυψα	κέκρυφα
verbergen		ἐκρύφθην	κέκρυμμαι

Stammformen der Verba liquida

ἀγγέλλω	ἀγγελῶ	ἤγγειλα	ἤγγελκα
melden, berichten, verkünden		ἠγγέλην	ἤγγελμαι

Stammformen der μι-Verben

δίδωμι	δώσω	ἔδωκα	δέδωκα
geben		ἐδόθην	δέδομαι

τίθημι	θήσω	ἔθηκα	τέθεικα
setzen, stellen, legen		ἐτέθην	τέθειμαι

ἵημι	ἥσω	ἧκα	εἷκα
senden		ἕθην	ἕωμαι

ἵστημι	στήσω	ἔστησα
stellen		ἐστάθην

ἵσταμαι	στήσομαι	ἔστην	ἕστηκα
treten			stehen

Wörterverzeichnis

Die hinter dem griechischen Wort angegebene Zahl bezieht sich jeweils auf die Lektion, in der die Vokabel eingeführt wird.

A

ἀγαθός 1	gut
ἀγαθωσύνη,ἡ10	Rechtschaffenheit
ἀγαπάω 2	lieben
ἀγάπη, ἡ 2	Liebe
ἀγαπητός 2	geliebt
ἀγγέλλω 2	melden, berichten, verkünden
ἄγγελος, ὁ 1	Bote, Engel
ἁγιάζω 3	Gott weihen, heilig machen
ἁγιασμός, ὁ 3	Heiligung
ἅγιος 3	heilig
ἁγιωσύνη, ἡ 27	Heiligung
ἀγνοέω 22	nicht kennen, nicht verstehen
ἀγορά, ἡ 27	Marktplatz, Agora
ἀγρός, ὁ 5	Acker, Feld
ἄγω 3	führen, treiben, bringen
ἀδελφή, ἡ 1	Schwester
ἀδελφός, ὁ 1	Bruder
ἀδικέω 14	ungerecht sein, im Unrecht sein
ἀδικία, ἡ 14	Ungerechtigkeit, Unrecht
ἄδικος 14	ungerecht
ἀδύνατος 6	kraftlos, unmöglich
αἷμα, τό 21	Blut
αἴρω 24	auf-, erheben, nehmen
αἰτέω 10	fordern, verlangen, bitten
αἰτία, ἡ 10	Ursache, Grund
αἰών, ὁ 11	Ewigkeit, Zeitalter
αἰώνιος 11	ewig
ἀκαθαρσία, ἡ18	Schmutz, Unsittlichkeit, Schamlosigkeit
ἀκάθαρτος 18	unsauber, -rein, schamlos
ἀκοή, ἡ 8	Ohr, Gerücht
ἀκολουθέω 14	nachfolgen
ἀκούω 7	hören
ἀκροβυστία,ἡ16	die Unbeschnittenen, Heiden
ἀλέκτωρ, ὁ 26	Hahn
ἀλήθεια, ἡ 4	Wahrheit
ἀληθής 26	wahr, recht
ἀληθινός 4	wahr, wahrhaftig
ἀληθῶς 26	in Wahrheit, wirklich
ἀλλά 1	aber, sondern
ἀλλήλων 10	einander, gegenseitig
ἄλλος 10	ein anderer
ἁμαρτάνω 6	sündigen
ἁμαρτία, ἡ 6	Sünde
ἁμαρτωλός, ὁ 6	Sünder
ἀμήν 6	amen
ἄμπελος, ἡ 7	Weinstock
ἀμπελών, ὁ 25	Weinberg
ἀμφότεροι 8	beide, alle zusammen
ἄν 19	*unübersetzt*
ἀνά 8	*Akk.:* über … hin, auf
ἀναβαίνω 8	hinaufgehen, ziehen, reisen
ἀναβλέπω 14	sehend werden
ἀναγγέλλω 2	melden, berichten,

	verkünden
ἀναγινώσκω 5	lesen
ἀνάγω 8	hinaufführen
ἀναθεματίζω 26	(ver)fluchen
ἀνάθεμα, τό 26	Verfluchung
ἀνάστασις, ἡ 25	Auferstehung
ἀναστροφή,ἡ23	Lebensart, Wandel
ἀνατολή, ἡ 15	Osten
ἀναφέρω 24	hinaufführen
ἄνεμος, ὁ 15	Wind
ἀνήρ, ὁ 19	Mann
ἀνθρώπινος 27	menschlich
ἄνθρωπος, ὁ 1	Mensch
ἀνοίγω 13	öffnen
ἀνομία, ἡ 10	Ungesetzlichkeit, Ungerechtigkeit, Sünde
ἀντί 21	*Gen.:* an Stelle von, für
ἄνωθεν 8	von oben
ἄξιος 16	würdig
ἀόρατος 10	unsichtbar
ἀπαγγέλλω 11	melden, berichten
ἀπάγω 3	wegführen
ἅπαξ 26	einmal
ἀπαρνέομαι 26	verleugnen
ἅπας 10	jeder, ganz, *Pl.:* alle
ἀπέρχομαι 8	weggehen
ἀπιστία, ἡ 7	Unglaube, Untreue
ἄπιστος 7	ungläubig, unglaubhaft
ἀπό 3	*Gen.:* von … weg
ἀποθνήσκω 15	sterben
ἀποκαλύπτω 13	offenbaren
ἀποκάλυψις,ἡ13	Offenbarung
ἀποκρίνομαι 7	antworten
ἀποκτείνω 25	töten
ἀπολογέομαι 19	sich verteidigen

ἀπολύω 13	loslassen
ἀποστέλλω 3	absenden, abschicken
ἀποστολή, ἡ 27	Apostelamt
ἀπόστολος, ὁ 1	Abgesandter, Bote, Apostel
ἅπτομαι 16	anfassen
ἄρα 7	also, folglich
ἀριθμός, ὁ 8	Zahl
ἀρνέομαι 26	verleugnen
ἀρνίον, τό 27	Lamm
ἁρπάζω 27	rauben, entrücken
ἄρτι 7	jetzt, soeben
ἄρτος, ὁ 4	Brot
ἀρχαῖος 3	alt
ἀρχή, ἡ 3	Anfang
ἀρχιερεύς, ὁ 26	Hohepriester
ἄρχω 21	herrschen, *Med.:* beginnen
ἄρχων, ὁ 9	Herrscher
ἀσεβής 15	gottlos
ἀσθένεια, ἡ 14	Schwäche, Krankheit
ἀσθενέω 14	schwach ~, krank sein
ἀσθενής 15	schwach, krank
ἀστήρ, ὁ 9	Stern
ἀτιμία, ἡ 19	Schande, Unehre
αὐλή, ἡ 13	Hof
αὐξάνω 8	wachsen, vermehren
αὐτός 2	er; selbst; derselbe
ἀφαιρέω 17	wegnehmen
ἀφίημι 27	(ent)lassen, vergeben
ἀφορίζω 10	trennen, auswählen
ἄχρι 17	*Gen.:* bis

B

βαθύς 24	tief
βάλλω 2	werfen
βαπτίζω 13	taufen
βάπτισμα 13	Taufe
βαπτιστής, ὁ 13	Täufer
βασιλεία, ἡ 10	Königsherrschaft, -reich
βασιλεύς, ὁ 9	König
βασιλεύω 10	(als König) herrschen
βέβαιος 18	fest, zuverlässig
βιβλίον, τό 4	Buch
βίβλος, ἡ 4	Buch
βλασφημέω 23	lästern, verleumden
βλασφημία,ἡ 23	Schmährede, Lästerwort
βλέπω 14	sehen
βοάω 27	schreien, laut rufen
βουλή, ἡ 5	Überlegung, Beschluss
βούλομαι 5	wollen

Γ

γαμέω 16	heiraten
γάμος, ὁ 16	Ehe, Hochzeit(sfeier)
γάρ 2	denn, nämlich
γαστήρ, ἡ 27	Bauch
γέμω 18	voll sein von
γενεά, ἡ 15	Geschlecht, Nachkommenschaft, Generation, Zeit
γένεσις, ἡ 15	Geburt, Entstehung, Dasein
γεννάω 15	erzeugen, gebären, *Pass.:* geboren werden
γένος, τό 15	Geschlecht, Nachkommenschaft, Herkunft, Volk, Gattung
γεύομαι 24	kosten, schmecken
γεωργός, ὁ 7	Bauer
γῆ, ἡ 20	Erde
γίνομαι 5	werden, geschehen, entstehen
γινώσκω 5	erkennen
γλῶσσα, ἡ 19	Zunge, Sprache
γνωρίζω 23	offenbaren, kundmachen
γνῶσις, ἡ 23	Erkenntnis
γνωστός 23	bekannt
γονεῖς, οἱ 14	Eltern
γόνυ, τό 20	Knie
γράμμα, τό 21	Buchstabe, Brief, *Pl.:* Schriften
γραμματεύς,ὁ21	Schriftgelehrter
γραφή, ἡ 6	Schrift
γράφω 6	schreiben, malen
γρηγορέω 19	wach(sam) sein
γυμνός 13	nackt
γυνή, ἡ 12	Frau

Δ

δαιμονίζομαι 12	von einem Dämon besessen sein
δαιμόνιον, τό12	Gottheit, Dämon
δάκρυον, τό 11	Träne
δάκτυλον, τό 21	Finger
δέ 2	aber
δέησις, ἡ 14	Bitte, Gebet
δεῖ 17	es ist nötig, man muss, ~ soll
δείκνυμι 25	zeigen
δέκα 25	zehn
δένδρον, τό 26	Baum

δεξιός 13	rechts
δέομαι 14	bitten
δέρω 25	prügeln
δέσμιος, ὁ 13	Gefangener
δεσμός, ὁ 13	Band, Fessel
δεσπότης, ὁ 5	Herr
δεῦτε 25	kommt her!, wohlan!
δεύτερος 26	zweiter
δέχομαι 14	annehmen, empfangen
δέω 13	binden
διά 3	*Gen.:* durch; *Akk.:* wegen, um … willen
διάβολος, ὁ 1	Teufel
διαθήκη, ἡ 6	Testament, Willenserklärung
διακονέω 2	(be)dienen
διακονία, ἡ 2	Dienst, Amt
διάκονος, ὁ 2	Diener, Helfer
διαλέγομαι 24	sich unterreden, reden, sprechen, predigen
διαλογίζομαι 7	überlegen
διαλογισμός, ὁ7	Überlegung, Gedanke
διαμερίζω 5	zerteilen
διαφέρω 24	hindurchtragen
διδασκαλία,ἡ11	Lehre, Unterweisung
διδάσκαλος,ὁ11	Lehrer
διδάσκω 11	lehren
διδαχή, ἡ 11	Lehre, Unterweisung
δίδωμι 25	geben
διέρχομαι 8	hindurchgehen, ziehen
δίκαιος 5	gerecht
δικαιοσύνη, ἡ 5	Gerechtigkeit
δικαιόω 5	rechtfertigen
δίκτυον, τό 20	Netz
δίς 26	zweimal
διψάω 27	dürsten
διώκω 22	verfolgen
δοκέω 23	meinen, scheinen
δόξα, ἡ 1	Ehre, Ruhm, Herrlichkeit, Glanz
δουλεύω 11	Sklave sein, dienen, gehorchen
δοῦλος, ὁ 7	Sklave, Diener
δράκων, ὁ 9	Drache
δύναμαι 6	können, imstande sein
δύναμις, ἡ 9	Kraft, Macht, Fähigkeit
δυνατός 6	stark, vermögend, möglich
δύο 2	zwei
δωρεά, ἡ 18	Geschenk
δῶρον, τό 18	Gabe

E

ἐάν 19	wenn
ἑαυτοῦ 17	*Reflexivpronomen 3. Sgl.*
ἑαυτῶν,ῶν,ῶν17	*Reflexivpronomen 1. / 2. / 3. Pl.*
ἐγγίζω 22	sich nähern
ἐγγύς 22	nahe
ἐγείρω 22	auf-, erwecken, *Pass.:* wach werden, auferstehen
ἐγκρατεία, ἡ 10	Enthaltsamkeit
ἐγώ 2	ich
ἐθέλω 6	wollen, wünschen
ἔθνος, τό 9	Volk, *Pl.:* Heiden
ἔθος, τό 26	Sitte, Brauch

εἰ 19	wenn
εἴδωλον, τό 11	Götze(nbild)
εἰκών, ἡ 10	Bild, Aussehen, Gestalt
εἰμί 1	sein, leben, da sein
εἰ μή 18	wenn nicht, außer
εἰρήνη, ἡ 2	Frieden
εἰς 3	*Akk.:* in, an, bei, zu, nach (*wohin?*), für
εἷς 5	einer
εἰσάγω 3	hereinführen
εἰσέρχομαι 8	hineinkommen, eintreten
εἰσπορεύομαι14	hineingehen
εἰσφέρω 27	hineintragen, hineinbringen
εἴτε ... εἴτε 16	sei es ... oder
ἐκ 2	*Gen.:* aus ... heraus, von ... her
ἕκαστος 17	jeder
ἑκατόν 26	einhundert
ἐκβάλλω 8	hinauswerfen
ἐκεῖ 8	dort
ἐκεῖθεν 14	von dort
ἐκεῖνος 5	jener
ἐκκλησία, ἡ 1	Gemeinde, Kirche
ἐκκόπτω 27	ausrotten, beseitigen
ἐκλέγομαι 11	sich erwählen
ἐκλεκτός 11	auserwählt
ἐκπορεύομαι 14	ausgehen
ἐλαία, ἡ 17	Ölbaum
ἔλαιον, τό 17	Öl
ἐλεέω 14	sich erbarmen, Mitleid haben
ἐλεημοσύνη,ἡ14	Wohltat, Almosen
ἔλεος, τό 14	Mitleid, Erbarmen
ἐλευθερία, ἡ 16	Freiheit
ἐλεύθερος 16	frei
ἐλευθερόω 16	befreien
ἐλπίζω 9	hoffen
ἐλπίς, ἡ 9	Hoffnung
ἐμαυτοῦ 17	*Reflexivpronomen 1. Sgl.*
ἐμβαίνω 8	hineingehen
ἐμβλέπω 26	hin-, ansehen
ἐμός 6	mein
ἔμπροσθεν 10	*Gen.:* vor; *Adv.:* vorne, vorwärts
ἐν 2	*Dat.:* an, in, bei, auf (*wo?*), mit, durch
ἕνεκεν 27	*Gen.:* wegen
ἐνεργέω 20	(be)wirken
ἐννέα 26	neun
ἐντέλλομαι 16	befehlen
ἐντολή, ἡ 16	Gebot, Befehl
ἐνώπιον 27	*Gen.:* vor
ἔξ 2	*Gen.:* aus ... heraus, von ... her
ἕξ 26	sechs
ἐξάγω 3	hinausführen
ἐξαίφνης 22	plötzlich
ἐξαποστέλλω14	aussenden, fortschicken
ἐξέρχομαι 8	herausgehen
ἔξεστιν 19	es ist möglich, ~ erlaubt
ἐξουθενέω 14	verachten
ἐξουσία, ἡ 27	Macht, Gewalt, Herrschaft
ἔξω 2	außen, draußen, heraus
ἔξωθεν 2	von außerhalb
ἐπαγγελία, ἡ 18	Versprechen, Verheißung
ἐπαγγέλλομαι18	verheißen, versprechen
ἐπαισχύνομαι13	sich schämen
ἐπάνω 10	*Gen.:* über; *Adv.:* oben, oberhalb, mehr

ἐπαύριον 24	morgen
ἐπί 7	*Gen.:* auf, an, bei, vor, über (*wo?*); *Dat.:* auf, an, bei (*wo?*); *Akk.:* über, auf, zu, nach, gegen (*wohin?*)
ἐπιβάλλω 26	werfen auf, sich stürzen auf
ἐπιθυμέω 17	wünschen, begehren
ἐπιθυμία, ἡ 17	Verlangen, Begierde
ἐπιμένω 7	bleiben
ἐπιπίπτω 24	sich werfen über
ἐπίσταμαι 26	wissen, verstehen, kennen
ἐπιστάτης, ὁ 18	Meister
ἐπιστολή, ἡ 23	Brief
ἐπιστρέφω 14	zuwenden, sich wenden
ἐπουράνιος 11	himmlisch
ἑπτά 26	sieben
ἐργάζομαι 7	arbeiten, bewirken, verrichten
ἐργάτης, ὁ 7	Arbeiter
ἔργον, τό 1	Tat, Arbeit, Aufgabe, Werk
ἔρημος, ἡ 4	Wüste, Einöde
ἔρις, ἡ 9	Streit
ἔρχομαι 5	kommen
ἐρωτάω 21	fragen
ἐσθίω 22	essen
ἔσχατος 2	äußerster, letzter
ἕτερος 20	der andere
ἔτι 4	noch
ἑτοιμάζω 5	bereiten
ἕτοιμος 5	bereit
ἔτος, τό 15	Jahr
εὐαγγελίζω 2	eine freudige Nachricht bringen
εὐαγγέλιον, τό1	Freudenbotschaft, Evangelium
εὐδοκέω 23	Gefallen haben, mögen
εὐδοκία, ἡ 27	guter Wille, Wohlgefallen
εὐθέως 15	sofort, sogleich
εὐθύς 15	*Adv.:* sofort, sogleich; *Adj.:* gerade, aufrichtig
εὐλογέω 21	preisen, Dank sagen, segnen, Gutes wünschen
εὐλογία, ἡ 21	Lob, Preis
εὑρίσκω 18	finden
εὐσέβεια, ἡ 18	Frömmigkeit
εὐφραίνω 27	erfreuen, *Pass.:* sich freuen
εὐχαριστέω 21	dankbar sein, Dank sagen
εὐχαριστία, ἡ21	Danksagung, Dankbarkeit
ἔχω 6	haben, halten
ἕως 7 / 14	solange; *Gen.:* bis (zu)

Z

ζάω 15	leben
ζῆλος, ὁ 22	Eifer(sucht)
ζηλόω 22	sich eifrig bemühen, eifersüchtig sein
ζητέω 18	suchen
ζωή, ἡ 3	Leben
ζῷον, τό 3	Lebewesen, Tier
ζῳοποιέω 11	lebendig machen
ζύμη, ἡ 12	Sauerteig

H

ἤ 19	oder, als
ἡγεμονία, ἡ 15	Herrschaft
ἡγεμών, ὁ 12	Statthalter, Herrscher
ἡγέομαι 12	führen, meinen, glauben, halten für
ἤδη 7	schon
ἥλιος, ὁ 1	Sonne
ἡμεῖς 6	wir
ἡμέρα, ἡ 5	Tag
ἡμέτερος 6	unser

Θ

θάλασσα, ἡ 26	Meer
θάμβος, ὁ 20	Staunen, Schrecken
θάνατος, ὁ 1	Tod
θάπτω 23	begraben
θαῦμα, τό 27	Wunder
θαυμάζω 13	sich wundern, bewundern
θεάομαι 22	betrachten, sehen
θέλημα, τό 16	Wille
θέλω 6	wollen, wünschen
θεός, ὁ 1	Gott
θεραπεύω 13	dienen, heilen
θερίζω 7	ernten
θερμαίνομαι 26	sich wärmen
θεωρέω 22	zu-, ansehen
θησαυρός, ὁ 16	Schatz
θορυβέομαι 24	in Unruhe geraten, sich beunruhigen
θρόνος, ὁ 1	Thron
θυγάτηρ, ἡ 12	Tochter
θυμός, ὁ 17	Zorn, Leidenschaft
θύρα, ἡ 13	Tür
θυσία, ἡ 19	Opfer
θυσιαστήριον,τό19	Altar
θύω 19	opfern

I

ἴδε 3	siehe!, seht!
ἴδιος 13	eigen
ἰδού 3	siehe!, seht!
ἱερεύς, ὁ 9	Priester
ἱερόν, τό 8	Tempel
ἵημι 25	senden
Ἰησοῦς, ὁ 1	Jesus
ἱκανός 24	hinreichend, geeignet
ἱλασμός, ὁ 7	Sühnung
ἱμάτιον, τό 5	Kleid
ἵνα 19	*Konj.:* dass, damit, um ... zu
ἵππος, ὁ 23	Pferd
ἵσταμαι 25	treten
ἵστημι 25	stellen
ἰσχυρός 12	stark, mächtig
ἰσχύς, ἡ 9	Kraft, Macht
ἰσχύω 12	stark ~, gesund ~, mächtig sein
ἰχθύς, ὁ 9	Fisch

K

κἀγώ 7	und ich, auch ich
καθαρίζω 2	reinigen
καθαρός 2	rein
καθεύδω 19	schlafen
κάθημαι 13	sich setzen, sitzen
καθίζω 21	sich setzen, sitzen
καθώς 2	wie
καί 1	und, auch
καινός 6	neu
καιρός, ὁ 7	Zeitpunkt, geeignete Zeit
κἀκεῖ 8	und dort
κακία, ἡ 12	Bosheit, Übel
κακός 12	böse, schlecht
κακόω 13	plagen, quälen

κακῶς 12	böse, schlecht
καλέω 16	rufen, vorladen
καλός 12	schön, angenehm, sittlich gut
καλῶς 12	gut
καρδία, ἡ 1	Herz
καρπός, ὁ 5	Frucht, Ertrag
κατά 10	*Gen.:* von ... herab, über; *Akk.:* durch, hinsichtlich, gemäß
καταβαίνω 15	herabkommen, -gehen, -steigen, -fallen
κατάγω 20	herabführen, an Land bringen
κατακρίνω 21	verurteilen
καταλείπω 21	ver-, zurücklassen
καταλύω 13	zerstören, auflösen, vernichten
κατασκευάζω 5	erbauen
κατέρχομαι 10	herunterkommen, hinabgehen
κατεσθίω 27	verschlingen
κατηγορέω 21	klagen
κατοικέω 23	(be)wohnen
κάτω 15	(nach) unten
καυχάομαι 9	rühmen, preisen
καύχημα, τό 9	Loblied
καύχησις, ἡ 9	das Rühmen
κεῖμαι 27	liegen
κελεύω 17	befehlen
κενός 12	leer
κεφαλή, ἡ 10	Kopf, Haupt
κηρύσσω 13	verkünden, bekannt machen, predigen, lehren
κινέω 27	bewegen, schütteln
κλαίω 26	weinen, klagen
κλάω 24	brechen
κλέπτης, ὁ 5	Dieb
κλέπτω 5	stehlen
κληρονομέω 25	erben
κληρονομία,ἡ25	das Erbe
κληρονόμος,ὁ25	der Erbe
κλῆρος, ὁ 25	Los, Anteil, Erbteil
κλῆσις, ἡ 16	Berufung
κλητός 16	eingeladen, berufen
κοιλία, ἡ 23	Bauch, Mutterleib
κοινός 1	gemeinschaftlich, gemein(sam)
κοινωνία, ἡ 1	Gemeinschaft
κοινωνός, ὁ 1	Kamerad
κολοβόω 11	abkürzen
κοπιάω 20	müde werden, sich plagen
κόπος, ὁ 12	Mühe, Arbeit
κοσμέω 20	in Ordnung bringen, schmücken
κόσμος, ὁ 1	Schmuck, Welt(all)
κράζω 12	schreien, rufen
κρατέω 22	festnehmen, fassen, halten
κράτος, τό 22	Kraft, Stärke
κραυγή, ἡ 12	Geschrei
κρίνω 4	unterscheiden, urteilen, richten
κριτής, ὁ 4	Richter
κρυπτός 12	verborgen
κρύπτω 12	verbergen
κτίσις, ἡ 10	Ordnung, Schöpfung
κτίζω 10	erschaffen
κύπτω 21	sich bücken
κύριος, ὁ 1	Herr
κώμη, ἡ 14	Dorf

Λ

λαλέω 13	reden, sagen,

	predigen
λαμβάνω 5	nehmen, ergreifen, empfangen
λαός, ὁ 11	Volk
λατρεύω 25	dienen, verehren
λέγω 2	sagen, reden
λείπω 21	lassen
λευκός 21	weiß
λῃστής, ὁ 13	Räuber
λιθάζω 21	steinigen
λίθος, ὁ 18	Stein
λιμός, ὁ / ἡ 15	Hunger
λογίζομαι 7	bewerten, überlegen, meinen
λόγος, ὁ 1	Wort, Rede, Gespräch, Erzählung, Lehre, Ausspruch, Rechenschaft
λοιπός 4	übrig
λύχνος, ὁ 10	Lampe
λύω 13	lösen

M

μάγος, ὁ 15	Magier
μαθητής, ὁ 4	Schüler, Jünger
μακάριος 10	glücklich, selig
μακροθυμέω 10	geduldig warten, ~ sein
μακροθυμία,ἡ10	Ausdauer, Geduld
μακρός 15	lang, weit entfernt
μανθάνω 4	lernen
μαρτυρέω 19	bezeugen
μαρτυρία, ἡ 19	Zeugnis
μαρτύριον, τό19	Zeugnis
μάρτυς, ὁ 19	Zeuge
μέγας 8	groß
μέλλω 24	wagen, zaudern, müssen
μέλος, τό 24	Glied
μέν 13	*nachgestellte Partikel, z. T. unübersetzt*
ὁ μέν ... ὁ δέ	der eine ... der andere aber; zwar … aber; einerseits … andererseits
μένω 7	bleiben
μερίζω 5	teilen
μέρος, τό 9	(An-)Teil
μέσος 21	mitten
μετά 11	*Gen.:* zwischen, mit; *Akk.:* nach
μεταβαίνω 8	hinübergehen
μετανοέω 22	Sinn ändern, sich bekehren
μετάνοια, ἡ 22	Sinnesänderung, Reue
μετρέω 15	messen
μέτρον, τό 15	Maß
μέχρι 24	*Gen.:* bis
μή 1	nicht
μή 18	*Konj.:* dass nicht, damit nicht, um … nicht zu
μηδέ 7	und nicht, auch nicht
μηδείς, -μία, -έν 5	keiner, niemand
μηκέτι 4	nicht mehr
μηδέποτε 23	niemals
μήτε 11	und nicht
μήτε … μήτε 11	weder … noch
μήτηρ, ἡ 13	Mutter
μικρός 12	klein, gering
μιμνῄσκομαι 20	sich erinnern, bedenken
μισέω 16	hassen
μνῆμα, τό 20	Grab
μνημεῖον, τό 20	Grab
μνημονεύω 20	sich erinnern

μοιχεία, ἡ 21	Ehebruch
μοιχεύω 21	Ehebruch begehen
μονογενής 19	einzig (erzeugt)
μόνον 6	nur
μόνος 6	allein, einzig
μύριοι 26	zehntausend
μυστήριον, τό 1	Geheimnis
μωρός 12	töricht

N

ναί 7	ja
ναός, ὁ 27	Tempel
νεανίας, ὁ 24	Jüngling
νεκρός 2	tot
νέος 12	neu, jung
νεφέλη, ἡ 18	Wolke
νικάω 18	(be)siegen
νίπτω 19	waschen
νοέω 22	erkennen, verstehen, bedenken
νομίζω 10	meinen
νόμος, ὁ 10	Gesetz
νόσος, ἡ 13	Krankheit
νοῦς, ὁ 22	Verstand, Vernunft, Gesinnung, Meinung
νύμφη, ἡ 23	Braut
νῦν 1	nun, jetzt
νυνί 1	nun, jetzt
νύξ, ἡ 11	Nacht

Ξ

ξένος 4	fremd; Gastfreund
ξύλον, τό 1	Holz

O

ὁδός, ἡ 4	Weg
οἶδα 12	wissen, kennen
οἰκία, ἡ 1	Haus
οἰκοδεσπότης,ὁ5	Hausherr
οἰκοδομέω 11	(er)bauen
οἰκοδομή, ἡ 11	Bau, Gebäude
οἰκονομία, ἡ 17	Verwaltung
οἰκονόμος, ὁ 17	Verwalter
οἶκος, ὁ 1	Haus
οἰκουμένη, ἡ 23	bewohnte Erde
οἶνος, ὁ 17	Wein
οἷος 5	wie (beschaffen)
ὀκτώ 26	acht
ὀλίγος 12	wenig, klein, unbedeutend
ὅλος 6	ganz
ὀμνύω 26	schwören
ὅμοιος 26	gleich
ὁμοιόω 26	gleichmachen
ὁμοίως 20	ebenso
ὁμολογέω 26	zugeben, gestehen
ὄνομα, τό 11	Name
ὀνομάζω 11	(be)nennen
ὄντως 19	in Wahrheit, wirklich
ὅπου 12	wo, wohin
ὅραμα, τό 20	das Geschaute, Gesicht
ὁράω 20	sehen
ὅρια, τά 12	Grenzen, Gebiet
ὁρίζω 27	festsetzen, bestimmen
ὅρκος, ὁ 24	Eid
ὄρος, τό 9	Berg
ὅς, ἥ, ὅ 7	welcher, der
ὅσος 12	wie groß, wie viel
ὅστις 17	jeder, der; *Pl.:* alle, die
ὅτε 12	als
ὅτι 5	dass, weil, „:“
οὐ 1	nicht
οὐδαμῶς 12	keineswegs

οὐδέ 7	und nicht, auch nicht
οὐδείς, -μία, -έν 5	keiner, niemand
οὐδέποτε 23	niemals
οὐκ 1	nicht
οὐκέτι 4	nicht mehr
οὐ μή 19	nicht
οὐ μόνον … ἀλλὰ καί 6	nicht nur … sondern auch
οὖν 3	also, folglich
οὔπω 7	noch nicht
οὐρανός, ὁ 1	Himmel
οὖς, τό 14	Ohr
οὐσία, ἡ 15	Vermögen
οὔτε 11	und nicht
οὔτε ... οὔτε 11	weder ... noch
οὗτος 7	dieser
οὕτως 24	so, derart
οὐχ 1	nicht
οὐχί 1	nicht
ὀφθαλμός, ὁ 10	Auge
ὄφις, ἡ 27	Schlange
ὄχλος, ὁ 8	Volk(smenge)

Π

πάθημα, τό 16	Leid, Unglück, Leidenschaft
πάθος, τό 16	Leidenschaft
παιδεύω 24	erziehen
παιδίον, τό 24	Kind
παιδίσκη, ἡ 24	Magd
παῖς, ὁ 24	Kind
παλαιός 21	alt
πάλιν 14	zurück, ferner, wieder
παντοκράτωρ,ὁ22	Allherrscher, Allmächtiger
πάντοτε 2	immer
παρά 16	*Gen.:* von ... her; *Dat.:* neben, bei, unter; *Akk.:* vorbei an, neben, bei, wider
παραβολή, ἡ 8	Gleichnis
παραγίνομαι 15	herankommen
παράγω 14	vorbeigehen
παράδοσις, ἡ 23	Überlieferung, Lehre
παρακαλέω 16	bitten, auffordern, trösten
παράκλησις, ἡ 16	Ermunterung, Zuspruch, Bitte
παράκλητος, ὁ 6	Anwalt, Helfer
παραλαμβάνω 5	an-, aufnehmen
παραλυτικός, ὁ26	Gelähmter
παρατείνω 24	ausdehnen
πάρειμι 4	anwesend sein
παρέρχομαι 16	vorbeigehen
παρθένος, ἡ 4	Jungfrau
παρουσία, ἡ 6	Anwesenheit, Ankunft
παρρησία, ἡ 6	Offenheit
πᾶς 10	jeder, ganz; *Pl.:* alle
πάσχω 16	(er)leiden
πατάσσω 11	(er)schlagen
πατήρ, ὁ 10	Vater
πατρικός 23	väterlich
παύω 20	aufhören lassen; *Med.:* aufhören
πείθω 17	überreden, -zeugen, *Pass.:* sich überreden lassen
πεινάω 27	hungern
πειράζω 14	versuchen, auf die Probe stellen
πειρασμός, ὁ 14	Prüfung, Versuchung
πέμπω 11	schicken
πενθέω 27	klagen, trauern

πένθος, τό 11	Klage, Trauer	πλούσιος 22	reich
πέντε 26	fünf	πλουτέω 22	reich sein
περί 6	*Gen.:* über, für; *Akk.:* um ... herum	πλοῦτος, ὁ 22	Reichtum
		πνεῦμα, τό 10	Geist, Atem
περιάγω 13	umherziehen	πνευματικός 10	geistig, geistlich
περιβάλλω 18	umlegen, anziehen	ποιέω 11	tun, machen
περιέχω 20	erfassen, befallen	ποιμαίνω 9	weiden
περιπατέω 12	gehen, leben	ποιμήν, ὁ 9	Hirte
περισσεύω 19	im Überfluss vorhanden sein, reich sein	ποῖος 5	welcher?, was für ein?
		πόλεμος, ὁ 20	Krieg
περισσός 19	reichlich, überflüssig	πόλις, ἡ 9	Stadt
		πολλάκις 8	oft
περισσοτέρως 23	mehr, sehr	πολύς 8	viel
περιστερά, ἡ 15	Taube	πονηρός 11	böse, schlimm
περιτέμνω 16	beschneiden	πόνος, ὁ 11	Mühe, Arbeit
περιτομή, ἡ 16	Beschneidung, die Beschnittenen, Juden	πορεύομαι 14	reisen, gehen
		πορνεία, ἡ 20	Unzucht
		πόρνη, ἡ 20	Hure
πέτρα, ἡ 2	Fels, Stein	πόρνος, ὁ 20	Hurer
πίμπλημι 27	erfüllen	πόσος 12	wie groß?, wie viel?
πίνω 22	trinken		
πίπτω 22	fallen	ποταμός, ὁ 23	Fluss
πιστεύω 7	glauben	πότε 23	wann?
πίστις, ἡ 9	Treue, Zuverläs-sigkeit, Glaube	ποτέ (*enkl.*) 23	einst, jemals
		ποτήριον, τό 6	Becher, Kelch
πιστός 7	treu, gläubig, zuverlässig	ποῦ 19	wo?, wohin?
		πούς, ὁ 19	Fuß
πλανάω 22	in die Irre führen, betrügen	πρᾶγμα, τό 23	Tat, Handlung, Sache
πλάνη, ἡ 22	Irrtum, Täuschung	πράσσω 23	tun, betreiben
πλῆθος, τό 20	Menge	πραΰτης, ἡ 10	Sanftmut
πληθύνω 8	vermehren	πρεσβύτερος 21	der Älteste
πλήν 6	jedoch; außer	πρίν 26	bevor
πλήρης 20	voll(ständig)	πρό 3	*Gen.:* vor
πληρόω 20	(er)füllen, vollenden	προάγω 3	vorangehen
		πρόβατον, τό 10	Kleinvieh, Schaf
πλήρωμα, τό 20	Fülle, Erfüllung	πρόθεσις, ἡ 25	Vorsatz
πλοῖον, τό 20	Schiff	πρός 3	*Dat.:* bei, in der

	Nähe (*wo?*) *Akk.:* nach, gegen (*wohin?*), bei, in Hinsicht auf
προσδέχομαι 14	aufnehmen
προσέρχομαι 8	herankommen, hinzutreten
προσευχή, ἡ 8	Gebet
προσεύχομαι 8	beten, erbitten
προσκαλέομαι 14	herbeirufen
προσκυνέω 15	anbeten
πρόσωπον, τό 3	Gesicht, Anblick, Aussehen
προσφέρω 24	herbeibringen
πρότερος 2	früher
προφητεία, ἡ 4	Weissagung
προφητεύω 4	weissagen
προφήτης, ὁ 4	Prophet
πρωί 2	frühmorgens
πρῶτον 13	zuerst
πρῶτος 2	erster
πρωτότοκος 10	erstgeboren
πτωχός, ὁ 10	der Arme
πύλη, ἡ 26	Tor
πυλών, ὁ 26	Tor
πῦρ, τό 13	Feuer
πωλέω 21	verkaufen
πῶς 8	wie

Ρ

ῥάβδος, ὁ 27	Stab
ῥῆμα, τό 20	Wort, Ausspruch; Sache
ῥύομαι 11	erretten

Σ

σάββατον, τό 24	Sabbat, Woche
σάλπιγξ, ἡ 9	Trompete
σαλπίζω 9	posaunen
σάρξ, ἡ 9	Fleisch
σατανᾶς, ὁ 8	Satan
σεαυτοῦ 17	*Reflexivpronomen 2. Sgl.*
σέβομαι 18	verehren
σεισμός, ὁ 16	Erdbeben
σελήνη, ἡ 11	Mond
σημεῖον, τό 11	Zeichen
σήμερον 27	heute
σιγάω 12	schweigen
σῖτος, ὁ 11	Weizen
σκανδαλίζω 11	Anstoß geben, ärgern, empören
σκάνδαλον, τό 11	Anstößiges, Anlass zur Sünde
σκηνή, ἡ 11	Zelt
σκοτία, ἡ 3	Finsternis, Dunkelheit
σκότος, τό 17	Finsternis
σός 6	dein
σοφία, ἡ 4	Weisheit
σοφός 4	weise
σπείρω 5	säen
σπέρμα, τό 18	Same
σπλαγχνίζομαι 17	sich erbarmen, Mitleid empfinden
σπλάγχνα, τά 17	Eingeweide, Herz, Liebe, Erbarmen
σπουδάζω 17	sich beeilen
σπουδή, ἡ 17	Eile, Eifer
στασιαστής, ὁ 18	Aufrührer
στάσις, ἡ 18	Aufruhr
σταυρός, ὁ 5	Kreuz
σταυρόω 5	kreuzigen
στέφανος, ὁ 2	Kranz
στόμα, τό 16	Mund
στρατιώτης, ὁ 4	Soldat
στρέφω 14	wenden
σύ 6	du
συγγενής 15	verwandt
συλλαμβάνω 20	nehmen, ergreifen,

	empfangen
συμφέρω 24	zusammentragen
σύν 5	*Dat.:* mit
συνάγω 5	(ver)sammeln
συναγωγή, ἡ 1	Synagoge
σύνδουλος, ὁ 7	Mitsklave
συνέρχομαι 8	zusammenkommen
σφόδρα 8	sehr
σφραγίς, ἡ 25	Siegel
σφραγίζω 25	mit einem Siegel verschließen, sichern
σχίζω15	zerreißen, spalten
σῴζω 11	heilen, retten, bewahren
σῶμα, τό 10	Körper
σωτήρ, ὁ 9	Erretter, Heiland
σωτηρία, ἡ 9	Rettung, Heil, Erlösung

T

ταπεινόω 27	demütigen, erniedrigen
ταχέως 15	rasch, sogleich
ταχύς 15	schnell
τε 8	und *(nachgestellt)*
τέκνον, τό 17	Kind
τέλειος 2	vollendet, vollkommen
τελειόω 2	vollenden
τελευτάω 15	sterben
τελέω 17	beenden
τέλος, τό 17	Ende
τέσσαρες 26	vier
τίθημι 25	setzen, stellen, legen
τίκτω 18	hervorbringen, gebären
τιμάω 18	schätzen, ehren
τιμή, ἡ 18	Preis, Ehre
τίμιος 18	wertvoll
τις, τι (*enkl.*) 17	irgendeiner, -etwas
τίς, τί 17	wer?, was?
τοιοῦτος, -αύτη, -οῦτον 10	derartig
τόπος, ὁ 8	Ort
τοσοῦτος, -αύτη, -οῦτον 10	so groß, so viel
τότε 5	damals, dann
τράπεζα, ἡ 19	Tisch
τρεῖς 26	drei
τρέφω 7	nähren
τρίς 26	dreimal
τρόπος, ὁ 15	(Sinnes-)Art
τροφή, ἡ 7	Speise
τύπος, ὁ 16	Spur, Vor-, Urbild
τύπτω 16	schlagen
τυφλός 14	blind

Y

ὑγιαίνω 15	gesund sein
ὑγιής 15	gesund
ὕδωρ, τό 13	Wasser
υἱός, ὁ 3	Sohn
ὑμεῖς 6	ihr
ὑμέτερος 6	euer
ὑπάγω 3	fortgehen, zurückkehren
ὑπακοή, ἡ 8	Gehorsam
ὑπακούω 8	gehorchen
ὑπάρχω 23	(da) sein
ὑπέρ 15	*Gen.:* für, wegen; *Akk.:* über ... hinaus
ὑπερβολή, ἡ 23	Übermaß
ὕπνος, ὁ 24	Schlaf
ὑπό 5	*Gen.:* von (*beim Pass.*); *Akk.:* unter

ὑπόδημα, τό 13 Sandale
ὑποκριτής, ὁ 4 Heuchler
ὑπομένω 3 aus-, durchhalten
ὑπομονή, ἡ 3 Geduld
ὕστερον 4 später
ὑψηλός 17 hoch, erhaben
ὕψιστος 17 höchster, erhabenster
ὑψόω 17 erhöhen

Φ

φαίνω 3 scheinen, leuchten
φανερός 19 offenbar
φανερόω 19 offenbaren, *Pass.:* sichtbar werden, bekannt ~
φέρω 24 tragen, bringen
φεύγω 27 fliehen
φημί 25 sagen
φιλέω 12 lieben
φίλος 12 befreundet; Freund
φιλόσοφος, ὁ 17 Philosoph
φοβέομαι 20 sich fürchten
φόβος, ὁ 2 Furcht
φόνος, ὁ 18 Mord
φονεύω 18 töten
φρονέω 7 denken, sorgen für
φρόνιμος 7 verständig, klug
φυλακή, ἡ 5 (Nacht-)Wache
φυλάσσω 5 bewachen, beobachten
φύσις, ἡ 19 Natur
φυτεύω 25 pflanzen
φωνέω 12 herbeirufen, anreden
φωνή, ἡ 12 Laut, Stimme, Geräusch
φῶς, τό 12 Licht
φωτίζω 12 (er)leuchten

Χ

χαίρω 2 sich freuen
χαῖρε 2 sei gegrüßt
χαίρετε 2 seid gegrüßt
χαρά, ἡ 2 Freude
χαρίζομαι 9 schenken, vergeben, verzeihen
χάρις, ἡ 9 Anmut, Gnade, Dank
χάρισμα, τό 9 Gnadengabe
χείρ, ἡ 14 Hand
χίλιοι 26 tausend
χορτάζω 27 sättigen, *Pass.:* satt werden
χρηστότης, ἡ 10 Güte, Milde
Χριστός, ὁ 1 Gesalbter
χρόνος, ὁ 1 Zeit
χρυσίον, τό 1 Gold
χρυσοῦς 22 golden
χώρα, ἡ 15 Land
χωρίζω 15 absondern, trennen, scheiden
χωρίον, τό 15 Grundstück, Landgut
χωρίς 3 *Gen.:* ohne

Ψ

ψεύδομαι 21 lügen
ψευδοπροφήτης,ὁ 21 Lügenprophet
ψεῦδος, τό 21 Lüge
ψεύστης, ὁ 21 Lügner
ψυχή, ἡ 1 Seele, Leben

Ω

ὧδε 3 hier
ὥρα, ἡ 8 Zeit, Stunde
ὡς 6 wie
ὥσπερ 10 wie
ὥστε 20 daher; so dass

Quellen und weiterführende Literatur

Wörterbücher

Bauer, Walter 1928:
Griechisch-Deutsches Wörterbuch zu den Schriften des Neuen Testaments und der übrigen Urchristlichen Literatur
Gießen

Preuschen, Erwin 2005:
Griechisch-deutsches Taschenwörterbuch zum Neuen Testament
Berlin / New York

Grammatiken

Blass, Friedrich u.a. 1990:
Grammatik des neutestamentlichen Griechisch
Göttingen

Siebenthal, Heinrich von 2005:
Kurzgrammatik zum griechischen Neuen Testament
Gießen

Texte

Bible-Works Version 5.0 2001

Kommentare

Haubeck, Wilfried u.a. 1997:
Neuer sprachlicher Schlüssel zum griechischen Neuen Testament. Matthäus bis Apostelgeschichte
Gießen / Basel

Haubeck, Wilfried u.a. 1994:
Neuer sprachlicher Schlüssel zum griechischen Neuen Testament. Römer bis Offenbarung
Gießen

Rienecker, Fritz 1970:
Sprachlicher Schlüssel zum Griechischen Neuen Testament
Gießen / Basel

Sonstige Literatur

Kytzler, Bernhard u.a. 2002:
Unser tägliches Griechisch. Lexikon des griechischen Spracherwerbes
Mainz

Radig, Stephan 1999:
Nach mir die Sintflut. Sprichwörtliches aus der Bibel.
Leipzig

Der Kartoffeldruck-Verlag publiziert zum reinen Selbstkostenpreis Bücher, die in jeder Buchhandlung bestellt werden können – insbesondere für Expertinnen und Experten in Altertumswissenschaft und Schule. Zuletzt sind erschienen

Felix M. Prokoph / Angelika Fricke: Legenda – Transferenda. Lateinischer Lektürekurs. 2. überarbeitete Aufl. Speyer 2013. 260 Seiten, ringgebunden, 14.90 Euro. ISBN 978-3-939526-14-8

Rolf Kussl (Hg.): Dichter, Denker, Denkmäler. Beiträge zum altsprachlichen Unterricht (Dialog Schule-Wissenschaft, Klassische Sprachen und Literaturen 47). Speyer, 2013. 240 Seiten mit 20 Abbildungen, kartoniert, 13.00 Euro, ISBN 978-3-939526-21-6

Katrin Herrmann: Gordian III. Kaiser einer Umbruchszeit. Speyer 203. 203 Seiten, kartoniert, 12.00 Euro, ISBN 978-3-939526-20-9

Siegmar Döpp: Neulateinische Wissenschaftspoesie. Ioannes Fabricius Montanus (1527-1566) über Engadiner Heilquellen. Speyer 2012. 92 Seiten, kartoniert, 5.00 Euro. ISBN 978-3-939526-19-3

Andreas Hartmann / Gregor Weber (Hgg.): Zwischen Antike und Moderne. Festschrift für Jürgen Malitz zum 65. Geburtstag. Speyer 2012. 286 Seiten, kartoniert, 15.95 Euro. ISBN 978-3-939526-18-6

Bestellungen in jeder Buchhandlung und Versandbuchhandlung oder direkt und portofrei via www.libri.de

FSC
www.fsc.org
MIX
Papier aus verantwortungsvollen Quellen
Paper from responsible sources
FSC® C105338